WIELAND ZIEGENRÜCKER

Praktische Musiklehre

Das ABC der Musik in Unterricht und Selbststudium

Heft 1 BV 311
Heft 2 BV 312
Heft 3 BV 313

BREITKOPF & HÄRTEL
WIESBADEN · LEIPZIG · PARIS

Danksagung

Ein herzlicher Dank geht an den *Sächsischen Blasmusikverband e.V.* und an die *Bläserakademie Sachsen,* die letztlich den Anstoß für diese Arbeit gaben. Für die sachkundige Beratung bei diesem Projekt und wertvolle Anregungen danke ich Ulrike Dachsel, Wolfgang Grüneberg, Jens Kaltofen, Heiko Schulze und Wolfgang Uhlig, insbesondere aber Jörg Küttner, der sich viel Gedanken um die Profilierung der Hefte machte.

Ein ebenso herzlicher Dank gebührt dem *Verlag Breitkopf & Härtel* für die großzügige Unterstützung dieses Projektes. Friedhelm Pramschüfer war mir als betreuender Lektor der notwendige kritische, sachkundige und hilfsbereite Partner. Sylvia Kossäth vom Verlag und das *Kontrapunkt Satzstudio* Bautzen sorgten sich um das gelungene Layout. Mit großer Umsicht und viel Geduld produzierte Hans Kölling *(Synchron- und Tonstudio Leipzig)* die CDs.

Viel gelernt habe ich vorrangig von all denen, die ich unterrichten durfte – danke!

Wieland Ziegenrücker

Alle nicht anders gekennzeichneten Übungen und Stücke stammen vom Autor.

Heft 1 (mit CD) BV 311 ISBN 978-3-7651-0311-7
Heft 2 (mit CD) BV 312 ISBN 978-3-7651-0312-4
Heft 3 (mit CD) BV 313 ISBN 978-3-7651-0313-1

Umschlag: Doris Jausly, Wiesbaden
Notengrafik: Wieland Ziegenrücker
Satz und Layout: Kontrapunkt Satzstudio Bautzen
Druck: druckhaus köthen GmbH
Printed in Germany

Für die CD:
Konzeption und Realisierung: Wieland Ziegenrücker
Sprecherin: Margot Ziegenrücker
Aufnahmedatum: November 2006
Aufnahme, Schnitt und Mastering: Synchron- und Tonstudio Leipzig
Tonmeister: Hans Kölling
Gesamtspielzeit: 70'43''
Herstellung: b&b Datadesign GmbH, Olpe

Inhalt

Anhang

Zur Einführung

In den beiden ersten Heften unserer *Praktischen Musiklehre* hast du dich schon mit wesentlichen Grundlagen der Musik vertraut gemacht. Nun steht neben den bereits bekannten Themen wie Notenschrift, Intervalle, Tonleitern, Dreiklänge, Melodie, Form und Rhythmus, an denen wir selbstverständlich weiterarbeiten, die erste Begegnung mit der *Harmonik* im Vordergrund – und schon bald kannst du die richtigen Akkorde zu einer einfachen Melodie finden. Auch an das Hören von zweistimmigen Rhythmen und Melodien wirst du herangeführt. Wieder werden viele für das Musizieren und das allgemeine Verständnis von Musik notwendige Dinge erklärt; einige Kapitel dienen dabei mehr zur sachlichen Information, für andere ist bewusstes, intensives Üben notwendig, besonders wenn es um die so wichtige Bildung deines inneren Gehörs geht.

In noch stärkerem Maße als bisher legen wir Wert auf deine *Kreativität.* Erfinde Aufgaben und Übungen, vor allem zu jenen Themen, die dir noch etwas schwerer fallen. Führe vorgegebene Motive weiter, finde Melodien zu Rhythmen und Harmoniefolgen. Suche dabei immer mehrere Varianten, wähle dann sorgfältig aus und notiere nur das, was dir am besten gefällt. Sei und bleibe offen für sachliche Hinweise und helfende Kritik. Auch das *Variieren,* in unserem Falle das rhythmisch-melodische Abwandeln von kleinen Melodien, und das *Improvisieren,* das Finden von eigenen musikalischen Gedanken zu vorgegebenen Mustern wie dem Blues-Schema, wird dir vermutlich Spaß bereiten – nimm dir etwas Zeit dafür.

Das Angebot an *Aufgaben* ist in diesem Heft wiederum sehr umfangreich und vielgestaltig, wähle deinem Wissensstand und deinem Zeitvolumen entsprechend aus. Das betrifft vorrangig auch die Zusatzaufgaben, die einerseits helfen sollen, im Unterrichtsstoff sicherer zu werden, andererseits der meist notwendigen Wiederholung dienen.
Wiederholung, das ist für uns ein ganz wesentliches Arbeitsprinzip. Halte deshalb bitte immer die „alten" Hefte, insbesondere das zweite, griffbereit. In den folgenden Kapiteln stehen viele Hinweise auf zurückliegende Stoffeinheiten und es ist gut, ja oft notwendig, dort nachzuschlagen, den Text zu lesen und einige Aufgaben erneut zu lösen. Das betrifft natürlich auch zahlreiche Tracks auf den CDs 1 und 2. Wir erneuern aus diesem Grunde unsere Bitte, möglichst alle Aufgeben in einem gesonderten Notenheft zu lösen und nichts in die vorliegenden Druckausgaben einzutragen. Auch der so willige, hilfsbereite Notensatz-Kollege Computer soll uns in diesem Falle nicht zu Seite stehen, es sei denn man will die Lösungen der Aufgaben im Internet unter www.breitkopf.de (BV 313 suchen und Infobutton anklicken) vergleichen. Mit Bleistift und Radiergummi kommen wir schneller zum Ziel!

Achte bitte genau auf die Formulierung der einzelnen Aufgaben, besonders auf die dort vorgegebene Reihenfolge der Arbeitsschritte. Sie ist bewusst gewählt, um dir das Verstehen und Üben zu erleichtern. Noch zwei Hinweise: Beachte bei vorgegebenen Notennamen den Oktavbereich, aber oktaviere (falls notwendig) die Übungen zum Singen in deine Stimmlage bzw. zum Spielen in die Tonlage deines Instruments.

Wenn du die Aufgaben mit einem Partner oder in einer kleinen Gruppe lösen und üben kannst, so bietet das viele Vorteile, nicht nur beim Vertiefen des aktuellen Stoffgebiets, sondern vor allem im Bereich der Gehörbildung. Ein kleines Keyboard hilft dir, melodische und in diesem Heft nun auch harmonische Zusammenhänge bewusst zu machen. Und über die Bedeutung des Singens haben wir schon mehrfach gesprochen ...

Die CD ist – wie auch in den anderen Heften – ein gutes, ja notwendiges Hilfsmittel zum Verstehen, Lernen und Üben des behandelten Stoffs. Es wird zur Lösung der Aufgaben notwendig sein, bestimmte Tracks mehrfach anzuhören. Einige Tracks enthalten aus technischen Gründen mehrere Beispiele; unterbrich die Wiedergabe (falls zum Nachdenken oder Aufschreiben erforderlich) mit der Pausentaste. Aber erkenne auch, dass z. B. mit dem Nachsingen von zwei Akkorden das betreffende Thema nicht abgeschlossen sein kann. Nimm also die entsprechenden CD-Beispiele als Anregung für das weitere, eigenständige Üben.

Natürlich steigen in diesem Heft auch die Anforderungen an dich. Vielleicht fällt dir diese oder jene Aufgabe anfangs sehr schwer, weil du dich bisher noch nie mit diesem Themenkreis beschäftigt hast. Bitte verzweifle nicht, du schaffst es – wenn nicht heute, dann bestimmt morgen; wende dich zunächst anderen Aufgaben zu und versuche es später noch einmal.

Mit diesem dritten Heft wollen wir unseren Lehrgang, unsere praktische Musiklehre nach der bewährten Schritt-für-Schritt-Methode, abschließen. Wir sagen bewusst *abschließen,* aber nicht *beenden,* denn wenn auch mit diesen drei Heften eine solide und umfassende Grundlage gelegt wurde, bleibt (je nach persönlicher Zielstellung) noch viel zu erarbeiten. Einige Kapitel bzw. Stoffeinheiten im vorliegenden Heft führen schon etwas über die eigentliche Leistungsstufe hinaus, sie sollen Anregungen zur weiteren gezielten Beschäftigung vermitteln. Wie schrieb doch der bekannte Komponist Robert Schumann in seinen *Musikalischen Haus- und Lebensregeln* so richtig: „Es ist des Lernens kein Ende." Und vielleicht verspürst auch du irgendwann den Wunsch, einiges bereits Gelernte erneut zu vertiefen, dann greife bitte wieder zur *Praktischen Musiklehre,* wir würden uns darüber sehr freuen.

Für die geduldige Mitarbeit bedankt sich ganz herzlich

Verwendete Symbole:

■ kennzeichnet grundlegende, zusammenfassende Merksätze.

▶ weist auf wichtige Einzelheiten hin.

♫ markiert praktische Tipps und Hinweise.

Die Rhythmus-Grundfiguren im Zweier- und Dreiertakt

Kannst du dich noch an die vielen **Rhythmus-Grundfiguren** erinnern, die du in den Heften 1 und 2 erarbeitet hast? In der Tat, eine beachtliche Zahl! Und erst die Kombinationen …
Und doch ist es eigentlich gar nicht so schwierig, wenn man sich bewusst macht, dass eben diese Grundfiguren bezogen auf die verschiedenen Grundschläge (meist Viertel, aber auch Achtel und Halbe) immer wieder auftauchen. Als Notenwerte geschrieben sehen sie zwar unterschiedlich aus, die Zeitverhältnisse sind jedoch gleich. Hier als Wiederholung eine zusammenfassende Übersicht in der Gegenüberstellung von **Viertel- und Achtelgrundschlag.**

Grundfiguren mit den Notenwerten Viertel/Achtel bzw. Achtel/Sechzehntel *im Zweiertakt* (z.B. für den 2/4-, 4/4- und 4/8-Takt):

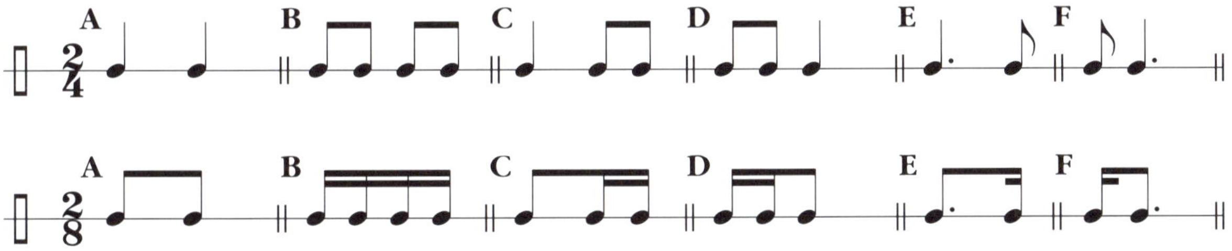

1 Schreibe die Grundfiguren **A** bis **F** nun mit dem Grundschlag Halbe. Welche Taktart musst du zugrunde legen?

2 **CD** Tracks 1/2: Rhythmusdiktate. Erkenne die Grundfiguren.

▶ Hinweise zu den Rhythmus- und Melodiediktaten in diesem Heft:

- Notiere immer (wie schon in den Heften 1 und 2) alle Rhythmen in den entsprechenden Notenwerten, also ohne Pausenzeichen.
- Auf der CD werden alle Diktat-Beispiele wiederholt (siehe auch „Zur Einführung“).

Die beiden folgenden Aufgaben fordern deine Kreativität. Bemühe dich bitte immer wieder, die gedruckten Noten und deine eigenen Erfindungen innerlich zu hören. Wenn du mit der Klangvorstellung noch Probleme hast, so klopfe den Rhythmus laut und nimm bei Melodien das Instrument zu Hilfe. Denke auch an Form und Phrasierung, wiederhole die Kapitel zu den Liedformen in Heft 2 ab Seite 71.

3 Vervollständige den Rhythmus nach eigener Vorstellung mit den angegebenen Grundfiguren. Verwende in Übung 1 nur Viertel und Achtel, in Übung 2 auch Sechzehntel. Erkenne die Gliederung in Phrasen. Klopfe.

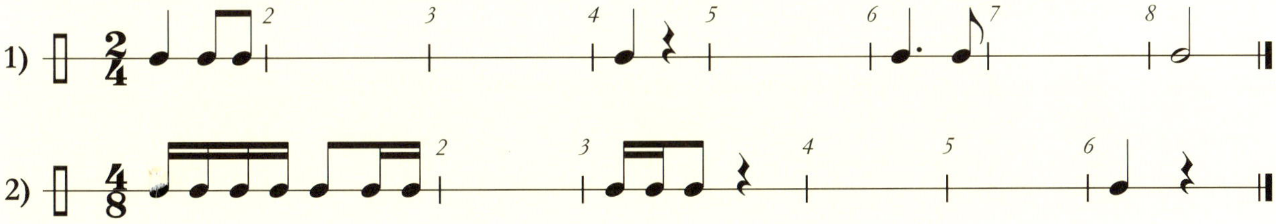

4 Hier sind zwei „Fragen", gib dazu „Antworten" – ergänze die zwei Motive mit Anschlussgliedern. Finde mehrere Varianten, notiere sie.

1) 

2) 

Zusatzaufgabe: Erweitere Motiv 1 zum Achttakter, Motiv 2 zum Zwölftakter. Versuche dazu jeweils mehrere Melodien zu erfinden und notiere die Varianten, die dir am besten gefallen.

Nun zu den Grundfiguren mit den Notenwerten Viertel/Achtel bzw. Achtel/Sechzehntel *im Dreiertakt* (z. B. für den 3/4-, 3/8- und 6/8-Takt):

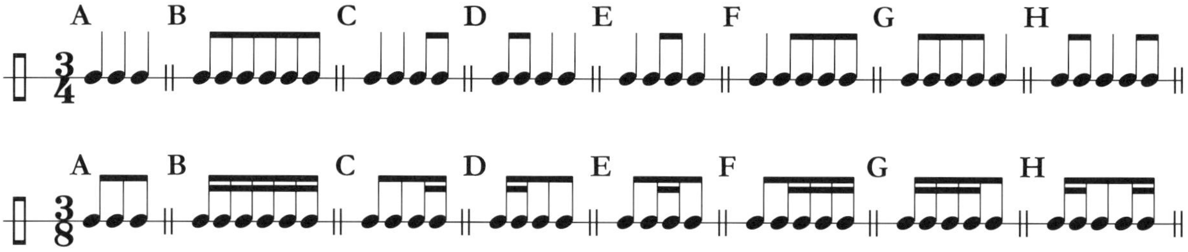

5 Erkenne die Grundfiguren (die Takte 4, 8, 12 und 14 enthalten als Abschluss einer Phrase größere Notenwerte bzw. Pausen). Klopfe.

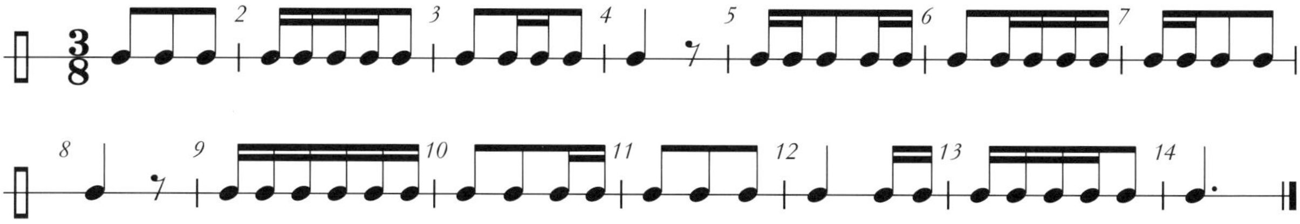

Zusatzaufgabe: Notiere die Übung im 3/4-Takt (verdopple die Notenwerte).

6 Erkunde den rhythmischen Ablauf mit dem inneren Gehör, klopfe dann den Rhythmus. Singe danach den Rhythmus auf Silben und taktiere dazu. Versuche auch mit einer Hand den Rhythmus zu klopfen, mit der anderen zu taktieren.

Menuett (nach Robert de Visée)

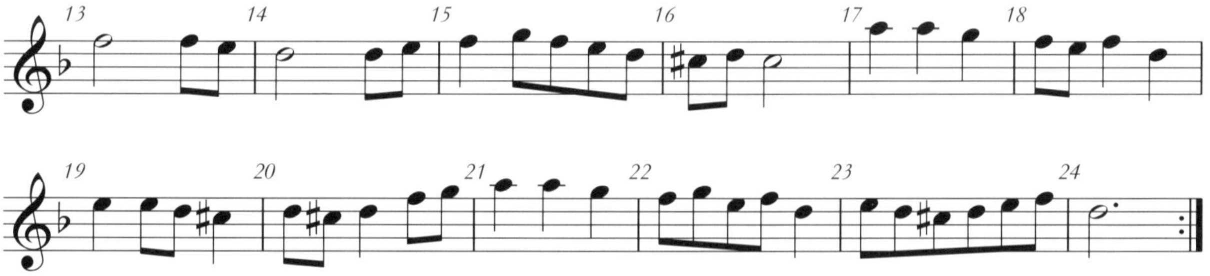

Zusatzaufgaben: 1) Nenne die Tonart, begründe deine Antwort.
2) Fertige eine Formanalyse an.
3) Notiere das Stück im 3/8-Takt (halbiere die Notenwerte), beginne im Bassschlüssel mit h.
4) Singe das Menuett in deiner Stimmlage; singe vorab die Dreiklangstöne und präge sie dir als Stütze ein.
5) Gestalte das Menuett mit Dynamik und Artikulation, spiele es auf deinem Instrument.

7 Klopfe. Erfinde eine Melodie zum Rhythmus (erkenne die Phrasen).

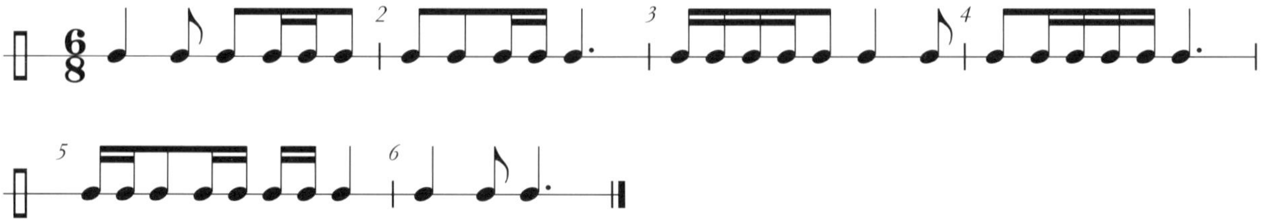

8 **CD** Tracks 3/4: Rhythmusdiktate. Erkenne die Grundfiguren.
Achte besonders beim Aufschreiben des 6/8-Taktes auf die richtige Verbalkung.

Grundfiguren mit **Punktierung** im Dreiertakt (siehe Heft 2 Seite 8):
Die entsprechenden Punktierungen mit Achtel/Sechzehntel üben wir später ab Seite 83.

9 Klopfe. Singe vom Blatt und taktiere dazu.

Courante (alter Tanz aus dem 17. Jh.)

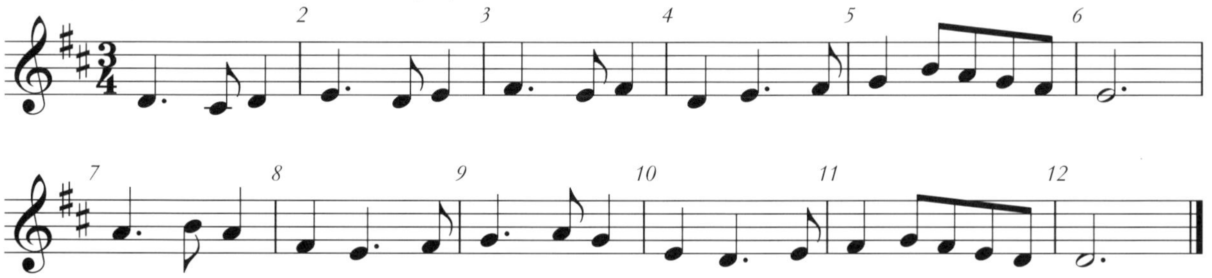

Zusatzaufgaben: 1) Übertrage den Tanz in die Varianttonart – harmonisches Moll (siehe Heft 2 Seite 31 und 59).
2) Kennzeichne Sequenzen (siehe Heft 2 Seite 72).

Eine weitere Grundfigur ist die **Synkope,** die im Verhältnis Viertel/Halbe und Achtel/Viertel geübt wurde (siehe Heft 2 ab Seite 10).

10 Singe und spiele. Erkläre die rhythmisch-metrische Wirkung der Synkope am Liedbeispiel.

Ten Green Bottles (aus England)

Zusatzaufgabe: Erkläre den rhythmisch-metrischen Zusammenhang von Auftakt und Schlusstakt.

Wenn du Schwierigkeiten mit den besprochenen Rhythmen hast, so löse bitte nochmals die entsprechenden Aufgaben in Heft 2, insbesondere die Übungen auf der CD 2. Wiederhole auch den Lehrstoff zur Triole (Heft 2 ab Seite 52) und zu den Überbindungen (Heft 2 ab Seite 12).

Nun die Kombination von Zweier- und Dreiermetrum im **Fünfertakt** (Heft 2 ab Seite 78).

11 Klopfe. Beachte die metrische Aufteilung.

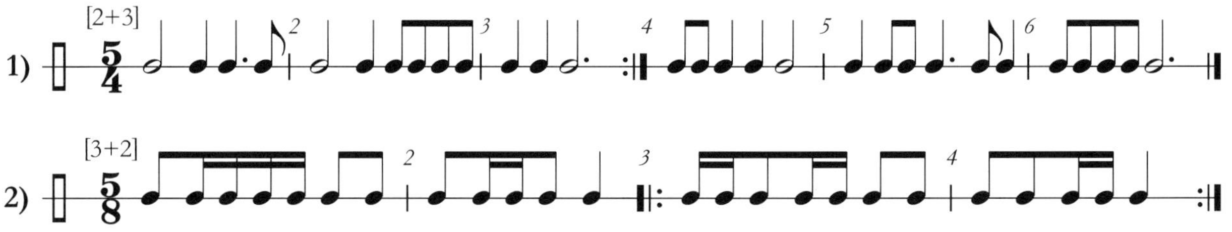

Jetzt üben wir Achtelfolgen in unterschiedlicher Aufteilung auf beide Hände in so genannten **Komplementärrhythmen,** bei denen sich Ober- und Unterstimme ergänzen.

12 Klopfe. Wähle das Tempo so, dass ein gleichmäßiger Ablauf gegeben ist (übe anfangs mit Metronom). Wiederhole jede einzelne Übung mehrfach, wechsle auch die Hände. Klopfe dann mehrere Übungen in Folge.

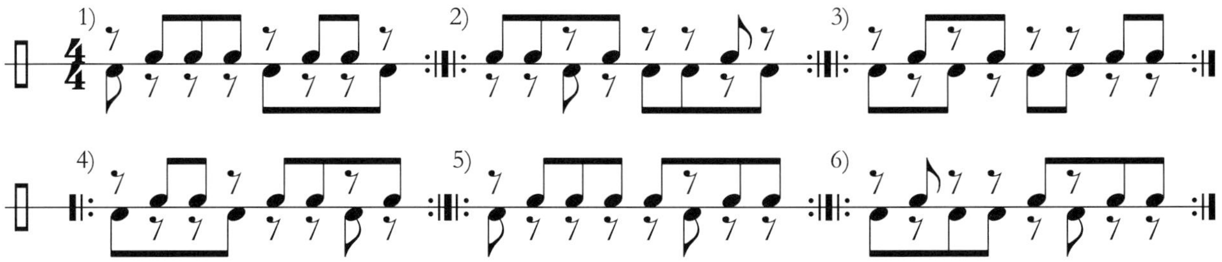

Zusatzaufgaben: 1) Füge, wenn du die Übungen gut ausführen kannst, auch Akzente als zusätzliche Schwierigkeit ein (vergleiche dazu Heft 2 ab Seite 96).
2) Erfinde und klopfe eigene Beispiele.

Erarbeite in den folgenden **zweistimmigen Übungen** zunächst die Oberstimme, dann die Unterstimme. Übe beide Stimmen langsam takt- bzw. phrasenweise zusammen. Nimm ein Metronom zu Hilfe, um im Takt zu bleiben.

13 Klopfe auf beide Hände verteilt (Handwechsel nicht vergessen).

Betrachte das Erfinden, Notieren und Klopfen von Rhythmen mit allen besprochenen Grundfiguren als eine ständige Aufgabe! Fordere dabei dein inneres Gehör; verbinde zunehmend Notenbild und Klangvorstellung.

Intervalle – sukzessiv und simultan

Wiederhole und festige nun die Intervalle bis zur Oktave, die bereits ausführlich behandelt wurden.

▶ In allen Aufgaben wird *Feinbestimmung* (r, g oder k) gefordert.

14 Bestimme die Intervalle.

15 Lege die CD zu Heft 2 ein und bestimme die Intervalle in den Tracks 14, 21, 34, 49 und 86.

Wenn du Schwierigkeiten mit den folgenden Aufgaben hast, so singe und höre (mit Partner oder CD zu Heft 2) oft und intensiv die reinen, großen und kleinen Intervalle über und unter einem Ton.

▶ Oktaviere alle Übungen in deine Stimmlage.

16 Singe die Intervallreihen. Höre den jeweils folgenden Ton, besser noch die folgenden Töne voraus. Notiere und singe viele eigene Reihen mit Stammtönen.

17 **CD** Track 5: Notiere vor dem Hören die A-Dur-Tonleiter aufwärts, beginne mit dem Ton a. Bestimme und notiere dann die über diesen Tönen gespielten leitereigenen Intervalle. Tipp: Wenn dir das vorgegebene Tempo zu schnell ist, so unterbrich den Track mit der Pausentaste.

Leitereigene Intervalle bestehen ausschließlich aus Tönen der jeweiligen Tonleiter. Das Einbeziehen *leiterfremder Töne* führt aus dem tonalen Bereich hinaus ins Atonale (*atonal* = nicht an eine Tonart gebunden).

18 Bestimme die Intervalle. Singe langsam Ton für Ton. Höre den folgenden Ton voraus.

Zusatzaufgabe: Notiere und singe eigene Reihen.

Die Intervalltöne wurden bisher nacheinander, also einzeln gehört, **sukzessiv** (lat. = nach und nach). Nun erklingen beide Töne zusammen, **simultan** (lat. = gleichzeitig). Das ist schwieriger, denn man muss sich sofort auf *beide* Töne konzentrieren und den Zusammenklang mit dem inneren Gehör zerlegen.

Einige vorbereitende Übungen. Jedes simultan gegebene Intervall wird wiederholt.

19 **CD** Track 6: Singe zu jedem Intervall den *oberen* Ton.

20 **CD** Track 7: Singe zu jedem Intervall den *unteren* Ton.

21 **CD** Track 8: Singe jeweils *beide* Intervalltöne.

Das ist anfangs gar nicht so einfach. Schlage deshalb – falls vorhanden – auf einem Tasteninstrument oder der Gitarre ein (zunächst kleineres) Intervall an und versuche beide Töne nachzusingen – nicht schummeln, die Töne *zusammen* anschlagen! Ein Partner kann dich dabei sehr gut unterstützen.

22 Wiederhole nun die Tracks 6, 7 und 8: Singe stets beide Töne und bestimme jedes Intervall.

Diese Höraufgaben können nur als Anregungen zum Üben dienen, denn der Zeitrahmen unserer CD ist leider begrenzt. Wiederhole ähnliche Übungen bitte auch in der Folgezeit immer wieder.

Die Durtonleitern bis zu sechs Vorzeichen

Wir haben gelernt: Die **Tonleiter** ist eine stufenweise Folge von Tönen in einer charakteristischen Folge von Ganz- und Halbtonschritten (selten auch unter Einbezug von Eineinhalb-Tonschritten). Sie stellt keine willkürliche Erfindung einfallsreicher Musiklehrer oder -theoretiker dar, vielmehr ist sie das Abbild der uns umgebenden Melodien, gleich welcher stilistischen Zuordnung. Wenn wir auf unserem Instrument Tonleitern üben, so trainieren wir damit das Greifen und Hören grundlegender, in der Praxis immer wiederkehrender Tonverbindungen. In unserem Kulturbereich dominiert die Durtonleiter, abgeleitet von der Folge der Stammtöne von c bis zur Oktave c. Aber wir benötigen auch noch andere Leitern, z. B. die Molltonleitern und die pentatonische Skala. In geografisch entfernteren Regionen und auch in der neueren Musik finden sich gänzlich anders strukturierte Leitern.

Doch bleiben wir zunächst bei der **Durtonleiter,** die aus *zwei gleichgebauten Tetrachorden* (Viertonreihen) besteht, nämlich Ganztonschritt – Ganztonschritt – Halbtonschritt. Wiederhole dazu Text und Aufgaben aus Heft 2 ab Seite 56.

23 Singe von verschiedenen Grundtönen aus die Durtonleiter aufwärts, dann abwärts.

24 Notiere im Bassschlüssel die Es-Dur- und H-Dur-Tonleiter aufwärts, die Des-Dur- und A-Dur-Tonleiter abwärts. Schreibe die Versetzungszeichen vor die entsprechenden Noten. Singe diese Leitern auf Notennamen.

25 Notiere im Violinschlüssel die E-Dur- und Ges-Dur-Tonleiter aufwärts, die As-Dur- und Fis-Dur-Tonleiter abwärts. Schreibe die Versetzungszeichen vor die entsprechenden Noten. Singe diese Leitern auf Notennamen.

26 Korrigiere die H-Dur- und die Ges-Dur-Tonleiter.

27 Schreibe die Vorzeichnung zu Fis-Dur und Ges-Dur im Violin- und Bassschlüssel auf. Füge eine beliebige Taktangabe hinzu.

28 Zu welchen Durtonleitern gehören diese Tetrachorde?

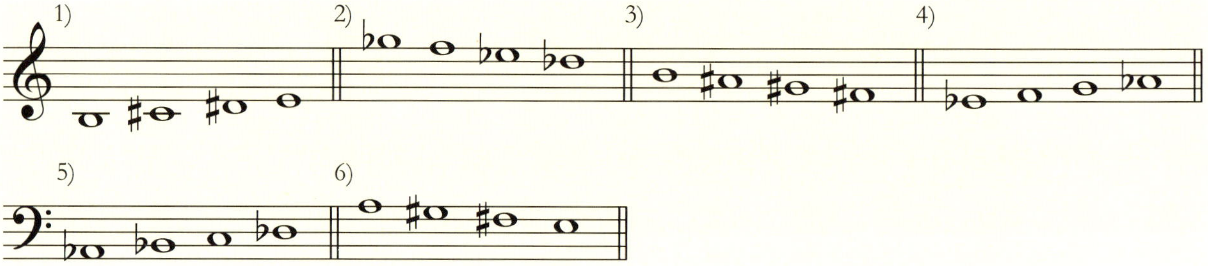

29 Welche Durtonleitern enthalten den Tonschritt dis–e, welche as–b? Benenne die jeweiligen Tonstufen.

30 **CD** Track 9: Erkenne in den Durtonleitern Abweichungen vom Tetrachord-Aufbau. Benenne die abweichenden Stufen.

31 **CD** Track 10: Benenne die in den Durtonleitern fehlenden Stufen.

32 **CD** Track 11: Die Durtonleitern enthalten zusätzlich jeweils einen chromatischen Ton. Zwischen welchen Stufen befindet er sich?

Man findet die „schweren“ Tonleitern mit vielen Vorzeichen meist in Instrumentalstücken, besonders in Etüden, selten in Liedern. Zum Üben (singen und spielen) sind nachfolgend vier Liedmelodien in Tonarten mit fünf und sechs Vorzeichen transponiert worden. Dabei geht es hauptsächlich um das Notenlesen, um die richtige Zuordnung der Vorzeichen.

Zur Vorbereitung:
- Singe und spiele mehrfach die geforderte Tonleiter.
- „Lies“ die Melodie, „sprich“ die Töne.

33 Singe die Melodie in deiner Stimmlage auf Notennamen. Notiere sie eine Oktave tiefer im Bassschlüssel.

The First Nowell (aus England)

Zusatzaufgaben: 1) Singe das Lied in B-Dur auf Notennamen – lies die Noten mit der entsprechend veränderten Vorzeichnung.
2) Transponiere schriftlich nach C-Dur und analysiere die Form.

34 Singe die Melodie auf Notennamen und notiere sie eine Oktave tiefer im Bassschlüssel.

In Vaters Garten (aus Finnland)

Zusatzaufgaben: 1) Singe das Lied in D-Dur auf Notennamen – lies die Noten mit der entsprechend veränderten Vorzeichnung.
2) Transponiere schriftlich nach C-Dur und analysiere die Form.

35 Singe die Melodie auf Notennamen. Notiere sie zwei Oktaven tiefer im Bassschlüssel.

La bourrée (aus Frankreich)

Zusatzaufgaben: 1) Singe das Lied in F-Dur auf Notennamen – lies die Noten mit der entsprechend veränderten Vorzeichnung.
2) Transponiere schriftlich nach C-Dur und analysiere die Form.

36 Singe die Melodie auf Notennamen. Notiere sie zwei Oktaven tiefer im Bassschlüssel.

Melodie aus Rumänien

Zusatzaufgaben: 1) Singe das Lied in G-Dur auf Notennamen – lies die Noten mit der entsprechend veränderten Vorzeichnung.
2) Transponiere schriftlich nach C-Dur und analysiere die Form.

37 Erarbeite die Melodie nur mit dem inneren Gehör und lerne sie auswendig. Dann singe und spiele, schreibe sie schließlich aus dem Gedächtnis oktaviert im Bassschlüssel auf.

Melodie aus Russland

Zusatzaufgabe: Notiere die Melodie aus dem Gedächtnis, beginne mit den Tönen h bzw. ges[1].

38 Erarbeite die Melodie wiederum nur mit dem inneren Gehör und lerne sie auswendig. Dann singe und spiele, schreibe sie schließlich aus dem Gedächtnis oktaviert im Violinschlüssel auf. Beachte die Stufe des Anfangstons.

Melodie aus Finnland

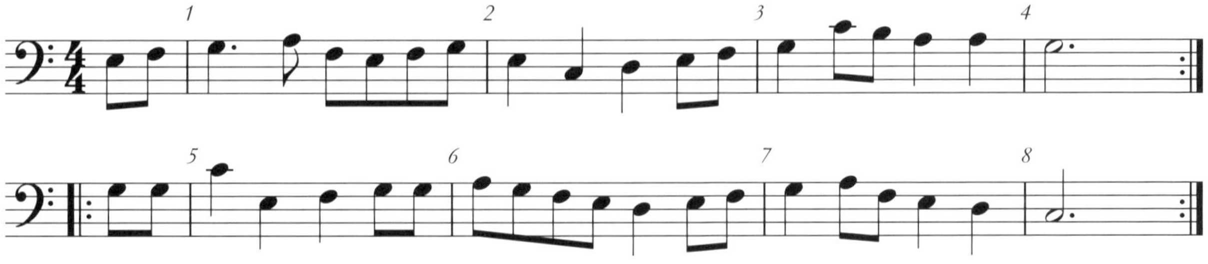

Zusatzaufgabe: Notiere die Melodie aus dem Gedächtnis, beginne mit f bzw. Ais.

Ein belebendes Element im Tonleiterspiel sind so genannte **rhythmisierte Tonleitern.** Man verbessert einerseits die Grifftechnik, besonders bei Tonleitern mit vielen Vorzeichen, und übt andererseits die rhythmischen Grundfiguren. Spiele alle Tonschritte und Rhythmusfiguren bewusst.

39 Singe und spiele ein Tonleitermodell im 2/4-Takt (Takt 3 kann entfallen).

Verändere nun den Rhythmus der *drei* Noten in Takt 1 bzw. Takt 4, z. B. mit den Figuren:

Verändere nun auch die *vier* Noten in Takt 2 bzw. Takt 5, z. B. mit den Figuren:

Kombiniere nach eigenem Ermessen (auf- und abwärts), z. B.:

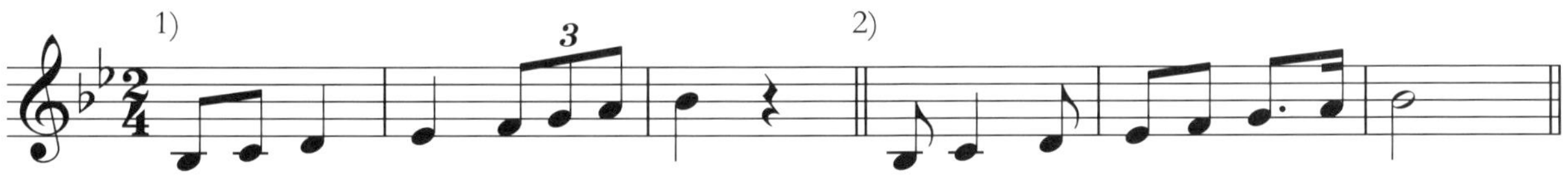

40 **CD** Track 12: Notiere die rhythmisierte A-Dur-Tonleiter.

41 Singe und spiele ein Tonleitermodell im 3/4-Takt (Takt 3 kann entfallen).

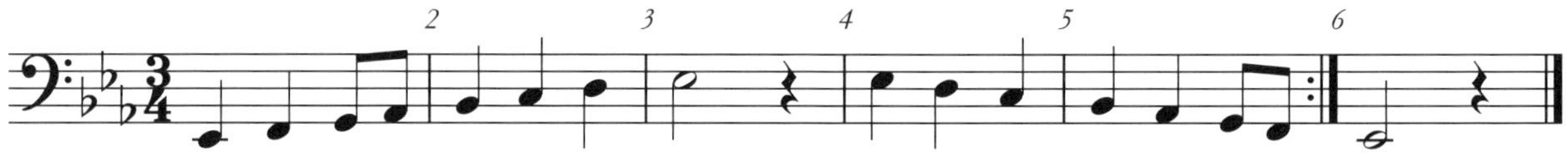

Verändere den Rhythmus der *vier* Noten in Takt 1 bzw. Takt 5, z. B. mit den Figuren:

Verändere nun den Rhythmus der *drei* Noten in Takt 2 bzw. Takt 4, z. B. mit den Figuren:

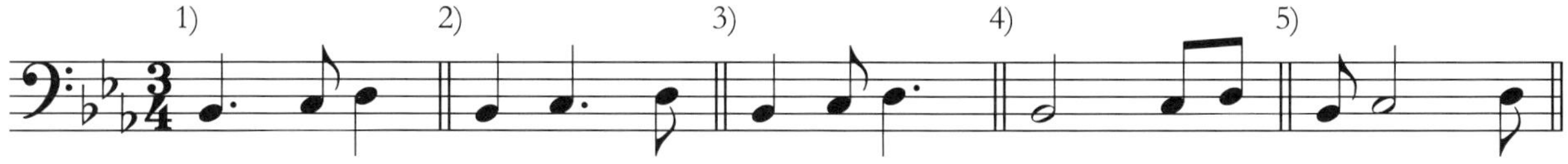

Kombiniere nach eigenem Ermessen (auf- und abwärts), z. B.:

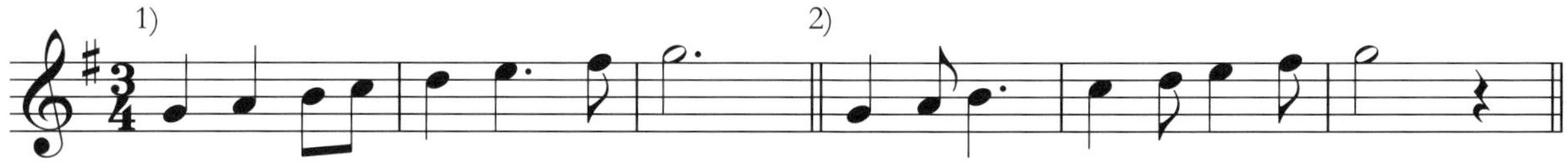

42 **CD** Track 13: Notiere die rhythmisierte Es-Dur-Tonleiter.

43 Rhythmisiere nun die Tonleiter auch mit Pausen. Singe und spiele.

44 Erfinde ähnliche Beispiele in anderen Ton- und Taktarten, auch mit Taktwechsel. Übe so die Durtonleitern mit vier, fünf und sechs Vorzeichen. Spiele, singe auf Silben oder Notennamen.

Singe-Übungen im Dur-Oktavraum

Unser Ziel ist es, nach dem Üben der Durtonleiter Melodien in diesem Tonraum möglichst fehlerfrei **vom Blatt** (ital. = **prima vista**) zu singen. *Prima vista* heißt wörtlich übersetzt *auf den ersten Blick.* Aber Blattsingen (und Blattspielen) erfordert Überblick, Erfahrung, Wissen und ein gutes inneres Gehör, also gezieltes Training. Deshalb werden und sollen uns im Folgenden vorab mehrere „Blicke" gestattet sein.

▶ Erarbeite die Aufgaben in diesem Kapitel bitte *ohne* Instrument!
Alle Übungen stehen in C-Dur, damit sich Klang- und Notenbild besser einprägen, transponiere sie später (auf Notennamen singend) in viele Tonarten.

Singe nicht Ton für Ton bzw. Intervall für Intervall, sondern suche immer nach melodischen Zusammenhängen.

♫ Erkunde *vor dem Singen* das Tonmaterial; führe eine einfache Melodieanalyse durch.

- Bestimme den Formaufbau. Suche nach gleichen oder ähnlichen Teilen.
- Erkenne die Bewegungsrichtung innerhalb einzelner Abschnitte (auf- oder abwärts, gleichbleibend).
- Untersuche zusammenhängende Tonfolgen auf *Schritte* (z.B. Tonleiterausschnitte) oder große bzw. kleine *Sprünge* (z.B. Dreiklangstöne).
- Nutze das innere Gehör, singe zur Vorbereitung innerlich die Durtonleiter und den Dreiklang auf- und abwärts. Fixiere und speichere Grundton und Quinte.
- Singe zunächst die Tonfolge ohne Rhythmus.
- Kontrolliere *nach* dem Singen auf deinem Instrument.

Ein Beispiel für die Vorbereitung zum *Polnischen Tanz:*

- 8 Takte; unterteilt in *Vordersatz* (Takte 1–4) und *Nachsatz* (Takte 5–8), Form = a–b.
- Vordersatz – Tonleiter *aufwärts* mit geringen Abweichungen; Nachsatz – Tonleiter *abwärts* mit Lücken.
- Anfangs- und Endton = Grundton, höchster Ton = oktavierter Grundton.
- Bestimmende Töne erkennen – Takt 1 = c^1, 2 = g^1, 3 = g^1, 4 = c^2; 5 = c^2, 6 = g^1, 7 = d^1, 8 = c^1 (singen!).
- Motiv (Takte 1/2) = Fünftonraum; stufenweise aufwärts bis zur Quinte, dann Dreiklang abwärts.
- Anschlussglied (Takte 3/4) = 2. Tetrachord g–a–h–c, mit Quartsprung zum oktavierten Grundton (g^1–c^2).
- Vorder- und Nachsatz haben denselben Rhythmus.
- Takte 5/6 – Tonleiter abwärts bis Quinte, dann (wie Takt 2) Dreiklang abwärts.
- Takt 7 (Sequenz von Takt 3) – Sekunde d^1 führt zum Grundton c^1 zurück; die ständige Abwärtsbewegung wird jedoch noch durch einen kleinen schrittweisen Aufschwung zum f^1 belebt.

45 Singe ohne instrumentale Vorbereitung.

Polnischer Tanz

Diese Art der Melodieanalyse soll helfen, das für uns so wichtige *relative Gehör* – das Erkennen und Verbinden von melodischen und rhythmisch-metrischen Zusammenhängen – weiterzuentwickeln. Auch die harmonischen Kenntnisse, die in den folgenden Kapiteln vermittelt werden, erleichtern das Erfassen des Notentextes (Takte 3 und 7 = Dominante).

46 Versuche die melodischen Veränderungen im *Polnischen Tanz* vom Blatt zu singen.

1)

2)

3)

47 Finde mit dem inneren Gehör weitere Varianten zum *Polnischen Tanz.* Notiere sie.

48 Singe nach vorausgehender Melodieanalyse.

Tschechisch

Zusatzaufgabe: Finde und notiere Varianten zur Melodie.

49 Singe nach vorausgehender Analyse. Erkenne und markiere die Phrasen.

Joy to the World (Georg Friedrich Händel)

Zusatzaufgabe: Singe die Melodie ohne schriftliche Vorbereitung eine große Sekunde höher, dann eine große Sekunde tiefer auf Notennamen.

50 Versuche nun tatsächlich vom Blatt, also *prima vista* zu singen.

Die beste Zeit im Jahr ist mein

Nach einem Marienlied aus dem 18. Jh.

Suche in Liederbüchern nach weiteren Liedern im Oktavraum, analysiere und singe sie. Wenn du dich im Umgang mit der Melodik sicherer fühlst, versuche zunehmend auch *prima vista* zu singen.

Hör-Übungen im Dur-Oktavraum

Im Folgenden wollen wir gezielt das innere Gehör und das musikalische Gedächtnis trainieren. Lerne die folgenden Melodien auswendig, erkenne Abweichungen, transponiere sie „im Kopf" und schreibe sie in Noten auf. Nutze deine Klangvorstellung, dein inneres Gehör – und lass bitte vorerst dein Instrument beiseite.

51 **CD** Tracks 14/15: Lies und erfasse die abgedruckte Originalmelodie. Sie erklingt auf der CD zweimal in abweichenden Fassungen. Markiere die jeweils veränderten Töne.

Aus der Sonatine op. 151 Nr. 1 (Anton Diabelli)

52 Notiere aus dem Gedächtnis das Lied *Alle Vögel sind schon da.* Beginne mit dem Ton b.

53 **CD** Track 16: Höre einen Melodieausschnitt aus dem Cancan aus *Orpheus in der Unterwelt* von Jacques Offenbach. Das Tempo ist hier wesentlich langsamer als im Original, damit du dich auf jede Note konzentrieren kannst. Erkenne den Formaufbau (Wiederholungen und Ähnliches). Speichere Grundton, Quinte und Oktave. Stelle dir in Gedanken die Melodie im Notenbild vor. Notiere die Melodie erst, wenn du sie fest im Gedächtnis hast.

54 **CD** Track 17: Höre das Lied *Vom Himmel hoch, da komm ich her* in einem vierstimmigen Satz von Hans Leo Haßler. Konzentriere dich auf die Melodie und notiere sie.

Eine neue Aufgabenstellung: Erfasse die Melodie *nach einmaligem Hören* – das erfordert volle Konzentration. Versuche also, die Melodie als Ganzes aufzunehmen und die Töne gedanklich zu ordnen (Vorstellung der Klaviatur?). Singe sie nach oder spiele sie auf deinem Instrument. Abschließend soll das Aufschreiben in Noten erfolgen. Diese Aufgabenstellung wird vermutlich Schwierigkeiten bereiten, deshalb die Empfehlung, dies mit einigen auf den CDs 1 und 2 enthaltenen oder vergleichbar einfachen Melodien immer wieder zu üben.

55 **CD** Track 18: Präge dir die Melodie nach einmaligem Hören ein. Schreibe sie dann in der genannten Tonart auf.

Erweitere diese Aufgabenstellungen (gegebenenfalls auch den Tonraum) durch eigene Beispiele aus deiner Musizierpraxis: Singe und spiele, was dir gefällt (vielleicht den aktuellen Superhit?) – versuche einiges aus dem Gedächtnis aufzuschreiben und kontrolliere dann abschließend auf deinem Instrument. Lerne auch aus den aufgetretenen Fehlern!

Der Durdreiklang mit Umkehrungen in allen Tonarten

Noch etwas sollten wir wiederholen – das Singen, Hören und Benennen von Dreiklangsumkehrungen (siehe Heft 2 ab Seite 93, dazu auf CD 2 Tracks 50, 79 und 81). Bleiben wir zunächst in Dur.

Kurze Zusammenfassung:

Grundstellung (Gst.): Sextakkord (6): Quartsextakkord (4-6):

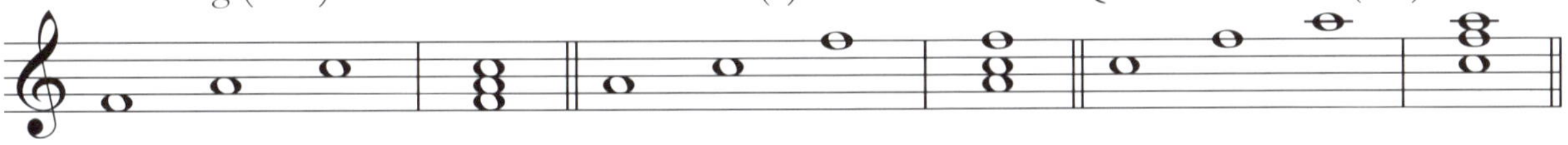

Alles auf einen Blick:

Lage	Bezeichnung	Intervallaufbau	Quarte	Grundton	Basston	Melodieton
Grundstellung	(Quintakkord)	1–3–5	–	unten	1	5
1. Umkehrung	Sextakkord	1–3–**6**	oben	oben	3	8 (1)
2. Umkehrung	Quartsextakkord	1–**4**–**6**	unten	Mitte	5	3

56 Bestimme Lage und Grundton. Singe auf- und abwärts, jeden Ton voraushörend.

Zusatzaufgabe: Benenne zu jedem Dreiklang den Bass- und Melodieton.

57 Bilde Durdreiklänge in den geforderten Lagen. Singe.

58 Korrigiere durch eine Veränderung zu Durdreiklängen.

Zur Verdeutlichung der Intervallverhältnisse bilden wir nun den Durdreiklang und die Umkehrungen *über dem gleichen Basston:*
z. B. über dem Ton f[1] eine Grundstellung, über f[1] einen Sextakkord, über f[1] einen Quartsextakkord. Gemeint sind also nicht die Umkehrungen des F-Dur-Dreiklangs!

Lage:	Gst.	6	4-6
Basston:	1	3	5
Grundton:	unten	oben	Mitte
Tonart:	F-Dur	Des-Dur	B-Dur

Noch einige wiederholende Erklärungen:

- Das Bilden der *Grundstellung* dürfte klar sein, denn der Basston ist gleich dem Grundton (1). Über f^1 ergibt sich der F-Dur-Dreiklang.
- Beispiel a: Der *Sextakkord* als 1. Umkehrung baut sich über der Terz des Dreiklangs auf (Basston = 3). Gesucht wird der Dreiklang, dessen Terz f^1 heißt. Man findet den Grundton, wenn man die große Terz nach unten bildet, also des^1 = Des-Dur.

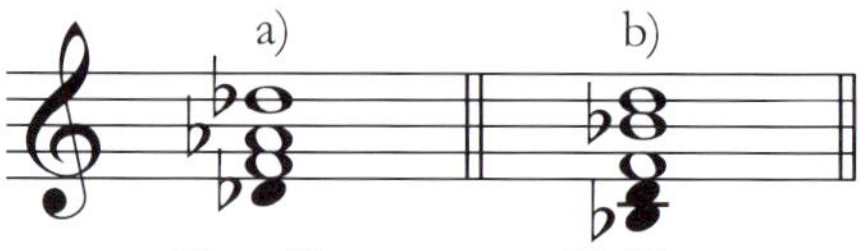

Des-Dur B-Dur

- Beispiel b: Der *Quartsextakkord* als 2. Umkehrung baut sich über der Quinte des Dreiklangs auf (Basston = 5). Gesucht wird der Dreiklang, dessen Quinte f^1 heißt. Man findet den Grundton, wenn man die reine Quinte nach unten bildet, also b = B-Dur.

Wem dieser Weg gedanklich zu aufwendig ist, muss sich den Intervallaufbau der Umkehrungen des Durdreiklangs merken:

- Sextakkord: kleine Terz – reine Quarte
- Quartsextakkord: reine Quarte – große Terz

59 **CD** Track 19: Höre *über dem Basston* c^1 Grundstellung, Sext- und Quartsextakkord, singe dazu auf Notennamen. Überlege vor dem Anhören die Tonfolgen!

60 Notiere über den Basstönen h, a^1, b und fis jeweils die Durdreiklänge in Grund-, Sext- und Quartsextstellung. Singe jeden Akkord auf- und abwärts auf Notennamen.

Bisher haben wir die Dreiklangstöne nacheinander („gebrochen"), **sukzessiv** gehört, quasi als Melodiefolge. Nun werden sie auch als *Akkord* zusammen erklingen, **simultan** (vergleiche und wiederhole die entsprechenden Intervall-Aufgaben auf Seite 13). Wir bleiben in Dur.

♫ Das ist eine neue Schwierigkeit, deshalb vorab einige Grundübungen mit Hilfe eines Tasteninstruments. Übe wenn möglich viel mit einem Partner (Vorgabe und Kontrolle).

- Spiele Dreiklänge und deren Umkehrungen, erst sukzessiv, dann simultan. Singe und präge dir dabei ihren Klang, ihre unterschiedlichen Intervallverhältnisse ein.
- Schlage einen Dreiklang sukzessiv an und singe ihn nach. Kontrolle nicht vergessen.
- Schlage einen Dreiklang sukzessiv an und singe nur den oberen, den unteren oder den mittleren Ton. Kontrolliere!
- Schlage einen Dreiklang simultan an und singe nur den oberen, den unteren oder den mittleren Ton. Kontrolliere!
- Schlage einen Dreiklang simultan an und singe ihn nach. Kontrolle nicht vergessen.
- Schlage eine Dreiklangsumkehrung simultan an und singe den Grundton.

61 **CD** Track 20: Singe die simultan gespielten Dreiklänge in Grundstellung nach.

62 **CD** Track 21: Singe die Sext- und Quartsextakkorde nach.

63 **CD** Track 22: Singe den *oberen* Ton der Dreiklänge nach.

64 **CD** Track 23: Singe den *unteren* Ton der Dreiklänge nach.

65 **CD** Track 24: Singe den *mittleren* Ton der Dreiklänge nach.

Das Nachsingen und Erkennen von simultan gespielten Intervallen und Akkorden stellt eine neue Qualität in unserer Gehörbildung dar – also bitte nicht gleich verzweifeln, wenn es anfangs nicht so recht vorangeht. Auch hier sind die entsprechenden Tracks auf der CD nur als anregendes Übmodell zu verstehen. Wiederhole sie oft, aber nutze zusätzlich viele andere Klänge und Varianten, besonders wenn du mit einem Partner üben kannst.

66 Wiederhole die Tracks 22, 23 und 24: Singe *alle* Dreiklangstöne nach.

67 Wiederhole die Tracks 22, 23 und 24: Bestimme die Stellung (Lage) jedes Dreiklangs.

Wer das bisher Gelernte schon gut beherrscht, kann einen Schritt weitergehen:
Beim Aufbau des Dreiklangs und dessen Umkehrungen sind wir bisher immer vom *Basston* ausgegangen, also von unten nach oben. Wir werden im Umgang mit den Dreiklängen sicherer, wenn wir auch den umgekehrten Weg versuchen, also **mit dem Melodieton beginnen,** den Akkord *von oben nach unten* bilden. Die Intervallstruktur bleibt selbstverständlich unverändert, nur die Folge der Intervalle ist nunmehr umgekehrt:

- die Grundstellung abwärts beginnt mit der *kleinen Terz,* dann schließt sich die *große Terz* an,
- der Sextakkord abwärts beginnt mit der *reinen Quarte,* dann schließt sich die *kleine Terz* an,
- der Quartsextakkord abwärts beginnt mit der *großen Terz,* dann schließt sich die *reine Quarte* an.

Zum Beispiel unter dem Ton f^2:

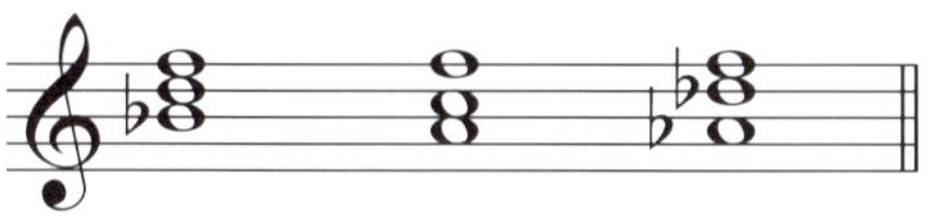

Lage:	Gst.	6	4-6
Melodieton:	5	8=1	3
Grundton:	unten	oben	Mitte
Tonart:	B-Dur	F-Dur	Des-Dur

68 **CD** Track 25: Höre *unter dem Melodieton* c^2 Grundstellung, Sext- und Quartsextakkord, singe dazu auf Notennamen. Überlege vor dem Anhören die Tonfolgen!

69 Notiere die Durdreiklänge und singe sie auf Notennamen:

1) in Grundstellung unter den Tönen g^1, e^1, h und d,
2) als Sextakkord unter den Tönen c^2, f^1, e und b,
3) als Quartsextakkord unter den Tönen a^1, d^2, g und cis^1.

Die Hauptdreiklänge in Dur

In Heft 2 haben wir ab Seite 105 mit dem wichtigen Arbeitsgebiet **Harmonik** begonnen und erste Übungen zur vierstimmigen Kadenz ausgeführt. Lies bitte das dort Geschriebene noch einmal aufmerksam durch. In den folgenden Kapiteln wird das Besprochene vertieft und weitergeführt.

70 Bilde über der Es-Dur- und der A-Dur-Tonleiter leitereigene Dreiklänge und bestimme das Tongeschlecht der Stufen I bis VI (über die hier ausgelassene VII. Stufe, einen verminderten Dreiklang, sprechen wir ab Seite 125).

Auf drei Stufen finden sich Durdreiklänge, die in enger Beziehung zueinander stehen:

- I. Stufe = **Tonika** *(T)* z. B. in F-Dur f–a–c,
- IV. Stufe = **Subdominante** *(S)* b–d–f,
- V. Stufe = **Dominante** *(D)* c–e–g.

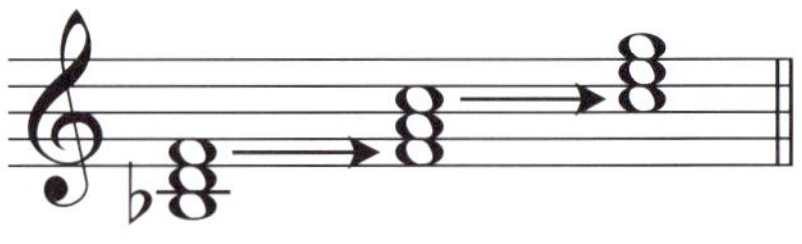

Funktion:	*S*	*T*	*D*
Stufe:	IV	I	V
Akkord:	**B♭**	**F**	**C**

Tonika und Subdominante sowie Tonika und Dominante haben jeweils einen gemeinsamen Ton:
Grundton der Tonika = Quinte der Subdominante,
Quinte der Tonika = Grundton der Dominante.
Diese Beziehungen werden mit dem uns schon bekannten Begriff **Quintverwandtschaft** beschrieben.

Die drei quintverwandten Akkorde – man nennt sie die **Hauptdreiklänge** einer Tonart – reichen oft schon aus, um eine Melodie auf der Gitarre oder einem Keyboard zu begleiten, zu *harmonisieren.*

71 Nenne die Töne der Hauptdreiklänge in Grundstellung in G-Dur, D-Dur, As-Dur und E-Dur.

Der Akkordsatz

Bekommt die (einstimmige) Melodie eine zweite Stimme oder noch mehr Stimmen hinzugefügt, so spricht man vom zwei- oder auch mehrstimmigen **Satz.** Ein Bläsertrio musiziert einen dreistimmigen Instrumentalsatz, Sänger singen z. B. im vierstimmigen Vokalsatz (Chorsatz). Dabei sollte jede Stimme, auch wenn sie nur die Melodie harmonisch auffüllt und festigt, eine gewisse Eigenständigkeit aufweisen und gut spielbar, insbesondere gut singbar sein. Wer einen musikalischen Satz schreibt, muss also nicht nur auf den schönen, wirkungsvollen Zusammenklang achten, sondern auch den Verlauf jeder Einzelstimme berücksichtigen.

Zum besseren Verständnis und auch aus musikhistorischen Gründen verwenden wir den **vierstimmigen Satz** mit den Stimmen *Sopran* (S), *Alt* (A), *Tenor* (T) und *Bass* (B).

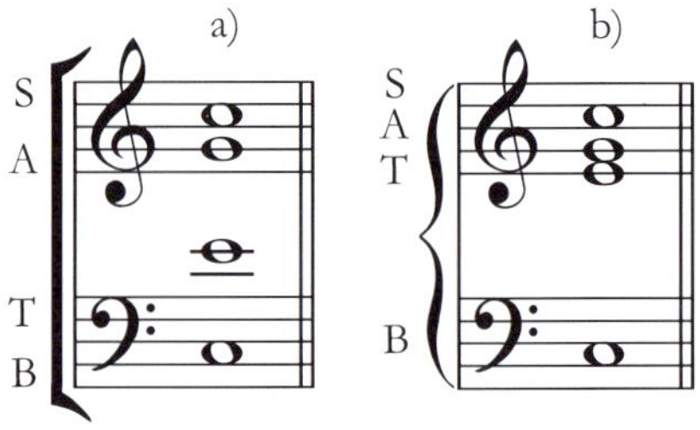

Man unterscheidet den **Chorsatz** (a) vom **Klaviersatz** (b), im Notenbild erkenntlich an den links vor den Zeilen stehenden abweichenden *Klammern (Akkoladenklammern).* Werden zwei Notenzeilen für *ein* Instrument benötigt (z. B. bei Klavier, Akkordeon, Orgel, Harfe), ist die Klammer geschwungen. Sind in den Zeilen mehrere Instrumente oder Gesangsstimmen zu einer Gruppe zusammengefasst, besteht die Klammer aus einem dicken, geraden Strich (meist mit kleinen Häkchen). Wir notieren im Klaviersatz, in dem der Bass allein in der unteren Zeile steht.

▶ Da der Dreiklang ja nur *drei* Töne hat, erreichen wir die *Vier*stimmigkeit durch Verdopplung des Grundtons, wodurch das harmonische Fundament verstärkt wird.

Nun zu dem mehrdeutigen Begriff **Lage.** Jede Dreiklangsstellung hat einen anderen Akkordton in der Oberstimme, im Sopran.
Man spricht von:

- *Quintlage* (5L) bei der Grundstellung, Melodieton = Quinte,
- *Oktavlage* (8L) beim Sextakkord, Melodieton = Oktave,
- *Terzlage* (3L) beim Quartsextakkord, Melodieton = Terz.

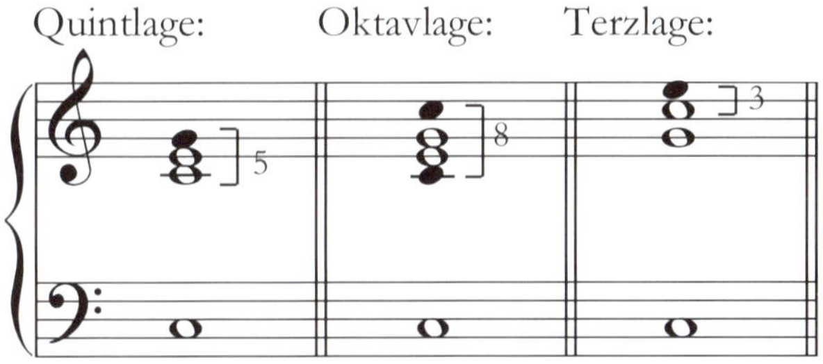

Wiederhole vor der nächsten Aufgabe das bisher Besprochene zum Thema *Akkordsymbolschrift* in Heft 2 ab Seite 91, denn wir wollen nun die Dur- und Molldreiklänge auch mit Hilfe dieser Kurzzeichen benennen (siehe Aufgabe 72, untere Zeile).

72 Bilde über dem Grundton (Basston) Akkorde in den angegebenen Lagen.

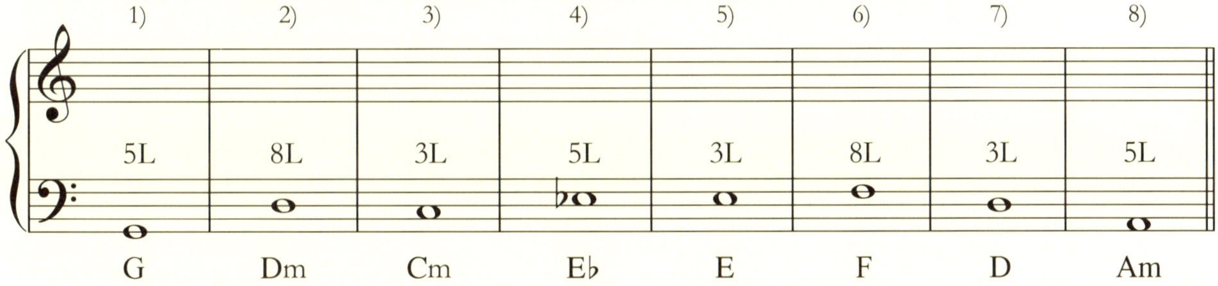

73 Notiere die Akkordsymbole und benenne die Lage.

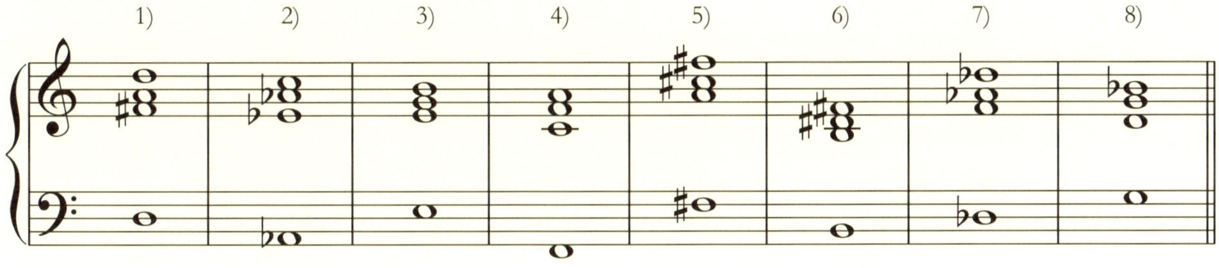

74 Notiere die geforderten vierstimmigen Akkorde unter dem Melodieton.

Hier noch eine weitere Bedeutung des Begriffs **Lage:** Folgen in den drei Oberstimmen alle Akkordtöne lückenlos aufeinander, so nennt man das *enge Lage* (Beispiel a). Von *weiter Lage* (Beispiel b) spricht man, wenn die Akkordtöne nicht lückenlos aufeinander folgen, wenn zwischen den notierten Akkordtönen noch weitere platziert werden könnten.
Wir beschränken uns vorerst auf die enge Lage.

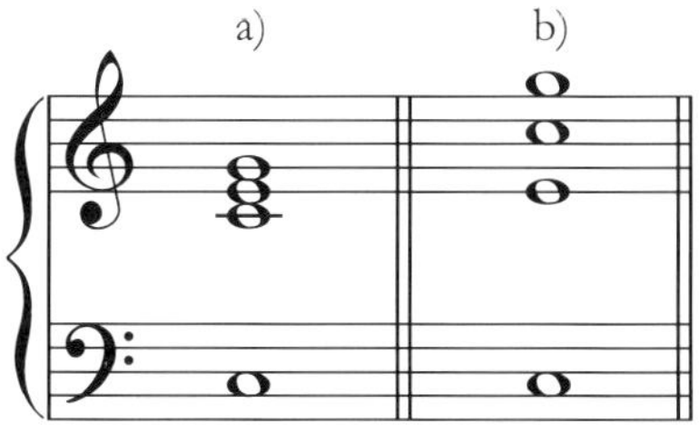

Der Tonumfang der vier Stimmen

Tonumfänge (den Bereich vom tiefsten bis zum höchsten Ton) anzugeben ist oft schwierig, gleich ob es sich um die menschliche Stimme oder um ein Instrument handelt. Persönliche Veranlagung, Ausbildung und ständiges Training von Musiker und Sänger spielen eine wesentliche Rolle. Nachfolgende Umfänge sind also nur annähernde Werte. Dennoch ist man gut beraten, die angegebenen Grenzen einzuhalten bzw. nur gering zu überschreiten.

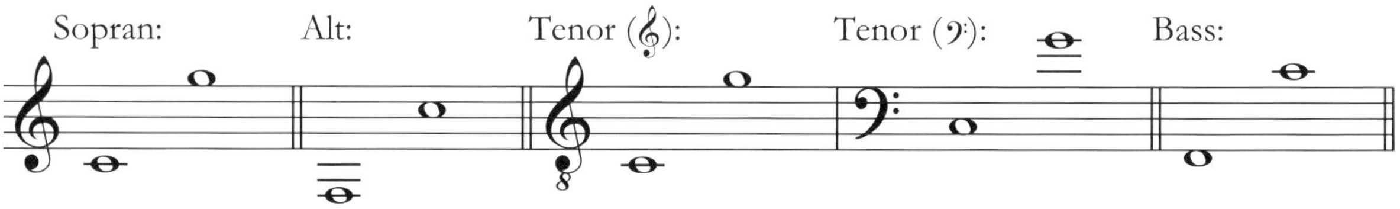

Eine Besonderheit sei erwähnt: Die Männerstimme Tenor wird oft im so genannten *oktavierenden Violinschlüssel* notiert. Die kleine 8 unter dem Schlüssel zeigt das an. Alle Noten klingen eine Oktave tiefer; oder – alle Töne schreibt man eine Oktave höher. Auch die Gitarre hat diese Notation.

▶ Beachte, dass in unserem Kadenz-Klaviersatz die Tenorstimme *nicht* oktavtransponiert wird.

Zum besseren Einprägen:
- Sopran und Alt, Tenor und Bass stehen im *Quintabstand* zueinander.
- Sopran und Tenor, Alt und Bass befinden sich im *Oktavabstand.*
- Zwischen Frauen- und Männerstimmen liegt eine Oktave.

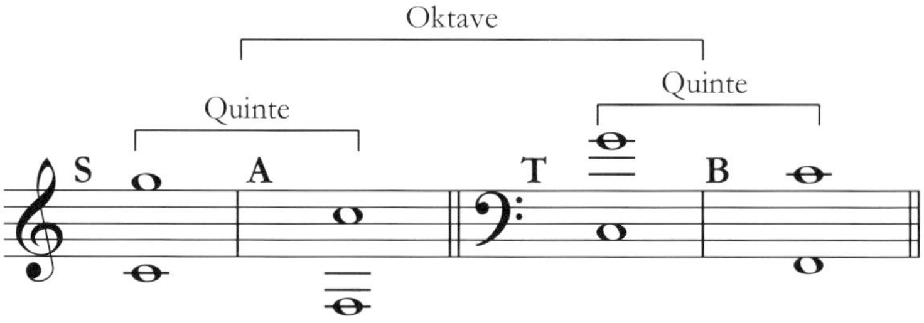

Die Bewegungsmöglichkeiten der Stimmen

Zwei oder mehrere Stimmen können unterschiedlich zueinander verlaufen.
- **Gerade** oder auch **gleichgerichtete Bewegung** (Beispiel a): Die Stimmen führen in die gleiche Richtung.
- **Parallelbewegung** (Beispiel b): Gerade Bewegung, bei der die Stimmen in gleichen Intervallabständen verlaufen (der Wechsel von großen und kleinen Intervallen bleibt unberücksichtigt).
- **Seitenbewegung** (Beispiel c): Eine Stimme bleibt unverändert, die andere führt nach oben oder unten.
- **Gegenbewegung** (Beispiel d): Die Stimmen verlaufen in gegensätzlicher Richtung.

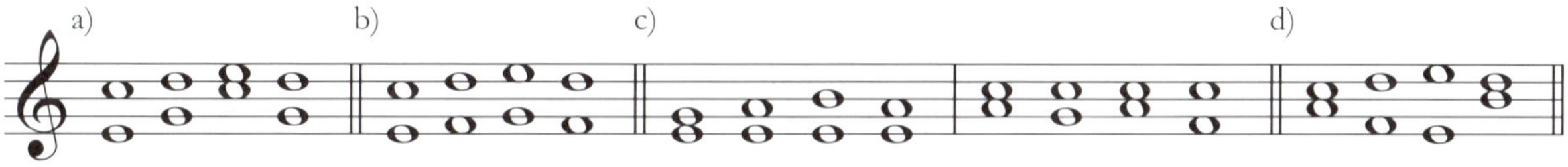

Diese Varianten treten in der Praxis meist vielfältig kombiniert auf.

▶ Beachte bei zweistimmiger Notierung in *einem* System die Richtung der Notenhälse, besonders wenn die beiden Stimmen einen unterschiedlichen Rhythmus haben:

- Der Hals zeigt in der Oberstimme nach oben, in der Unterstimme nach unten.
- Vereinen sich die Stimmen in einer Note, so fügt man dem Notenkopf zwei Hälse an.

75 Bestimme die Bewegungsrichtungen.

Die Verbindung von Dominante und Tonika

Neben der **Tonika** tritt die **Dominante** am häufigsten auf, weil der in ihrem Dreiklang enthaltene *Leitton* zur Weiterführung, zur Auflösung in die Tonika drängt. Die in der Dominante gestaute Spannung kommt in der Tonika zur Entspannung, zur Ruhe.

Bilde zunächst die Dreiklangsgrundstellungen von Dominante und Tonika (notiere sie falls notwendig). Verbinde nun die Dreiklänge im vierstimmigen Satz, beginnend mit dem Zielklang *(T)*, dann vorangestellt die Dominante.

Die einfachste Möglichkeit wäre, beide Akkorde in Grundstellung zu spielen. Alle Dreiklangstöne fallen dabei im Quint- bzw. Oktavabstand, alle Stimmen werden *parallel* geführt. Da einerseits Oktaven und Quinten klanglich stark miteinander verschmelzen, andererseits aber jede Stimme möglichst eigenständig zu hören sein soll, gibt es seit Jahrhunderten im musikalischen Satz das Verbot dieser Parallelen.

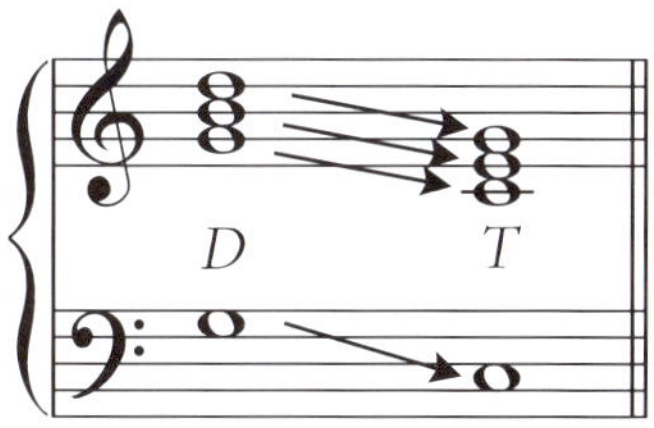

Um ein klangschöneres Ergebnis zu erhalten, wollen wir alle Töne auf dem jeweils **nächsten, kürzesten Weg** verbinden und nutzen dazu auch die Dreiklangsumkehrungen.

- **Grundtöne** (Beispiel a): Der Dominant-Basston fällt eine Quinte tiefer in den Tonika-Basston, man spricht vom *Quintfall.* Die Bass-Grundtöne werden in den Oberstimmen verdoppelt.
- **Gemeinsame Töne** (Beispiel b): Beide Klänge haben einen gemeinsamen Ton, denn die Quinte der Tonika entspricht dem Grundton der Dominante. Dieser Ton wird in der gleichen Stimme weitergeführt, umgangssprachlich: er „bleibt liegen".
- **Leitton** (Beispiel c): Der im Dominantdreiklang enthaltene Leitton strebt zum Tonika-Grundton.
- **Sekundschritt** (Beispiel d): Die noch fehlenden Dreiklangstöne werden mit einem großen Sekundschritt verbunden.

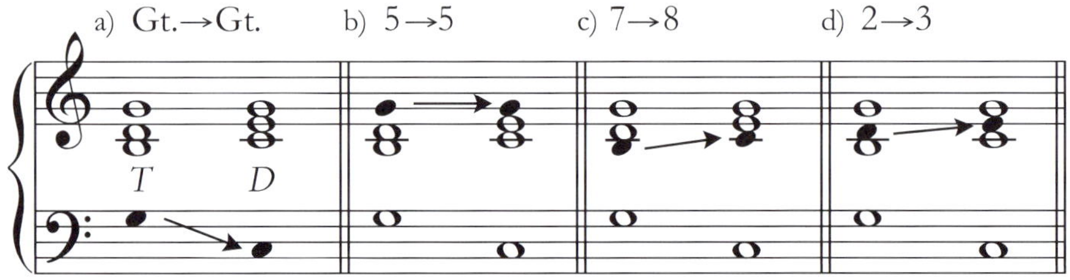

76 Ergänze in den Übungen 1–3 die Dominante, in den Übungen 4–6 die Tonika.

Zur Unterscheidung benötigen wir nun die genaue Angabe der Akkordlage (siehe Seite 27).

▶ Die Lage (5L, 8L oder 3L) bezieht sich immer auf den Melodieton des *Tonika*dreiklangs.

Bisher haben wir den Tonikadreiklang in seiner Grundstellung, also in **Quintlage** verwendet. Nun soll dieser Akkord in einer anderen Lage erscheinen. Wer bisher alles verstanden hat, braucht nichts Neues zu lernen, denn die Stimmführungsregeln ändern sich nicht.

Die **Oktavlage** (Sextakkord) der Tonika:
- Bass – Grundtöne,
- Sopran – Leitton auflösen,
- Alt – gemeinsamer Ton bleibt liegen,
- Tenor – großer Sekundschritt aufwärts.

Die **Terzlage** (Quartsextakkord) der Tonika:
Unveränderte Stimmführung, nur in anderer Lage – also alles wie bereits geübt!

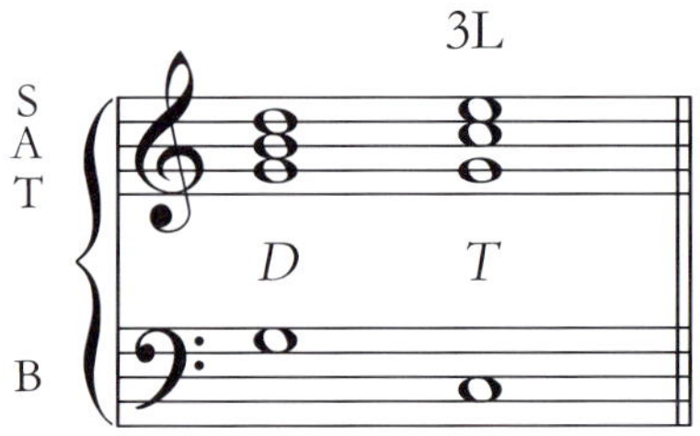

77 Oktavlage. Ergänze in den Übungen 1–3 die Dominante, in den Übungen 4–6 die Tonika.

78 Terzlage. Ergänze in den Übungen 1–3 die Dominante, in den Übungen 4–6 die Tonika.

Wenn deine Lösung auf dem Papier steht, kann in allen Lagen noch eine Kontrolle der Oberstimmen beider Akkorde durch Vergleich des gemeinsamen Tones erfolgen.

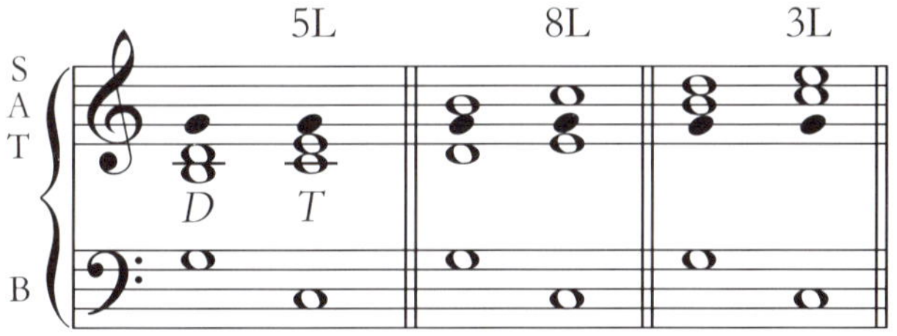

- Gemeinsamer Ton liegt oben (5L) – Alt und Tenor darunter.
- Gemeinsamer Ton liegt in der Mitte (8L) – Sopran darüber, Tenor darunter.
- Gemeinsamer Ton liegt unten (3L) – Alt und Sopran darüber.

Bei einigen Liedern kommen wir beim Harmonisieren tatsächlich schon mit den beiden Funktionen Tonika und Dominante aus.

79 Bilde in Es-Dur die Dreiklänge von Tonika und Dominante, vergleiche diese Töne mit dem Tonmaterial der Melodie. Schreibe die Harmoniefunktionen unter jeden Takt des Liedes. Singe und spiele.

Alle Leut gehn jetzt nach Haus (aus Österreich)

Die Verbindung von Tonika und Subdominante

Bei der vierstimmigen Verbindung der Klänge von **Tonika** und **Subdominante** können wir auf bereits Geübtes zurückgreifen, denn die Stimmführung folgt wieder den bekannten Regeln:

- Grundtöne in den Bass (Beispiel a), wobei wiederum ein *Quintfall* auftritt (Tonika-Basston „fällt" in den Subdominant-Basston),
- die gemeinsamen Töne (Grundton der Tonika = Quinte der Subdominante) bleiben liegen (Beispiel b),
- die anderen Töne schreiten in Sekunden fort (Beispiele c und d).

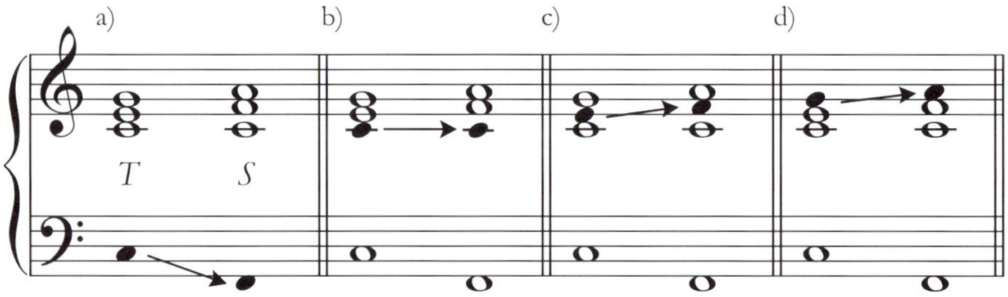

Die drei Lagen der Verbindung Tonika und Subdominante im Überblick:

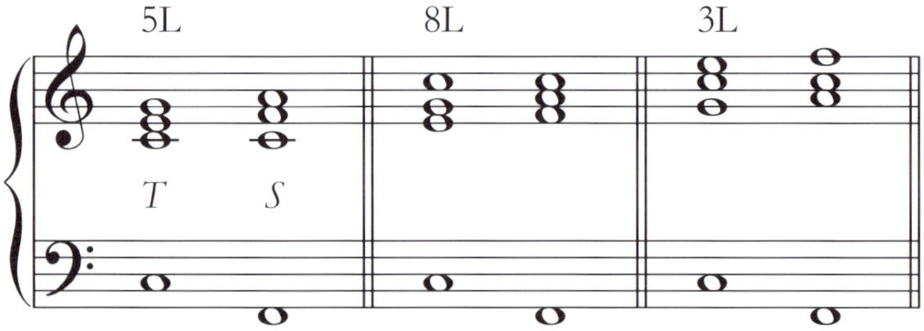

80 Ergänze in den Aufgaben 1–3 die Subdominante, in den Aufgaben 4–6 die Tonika.

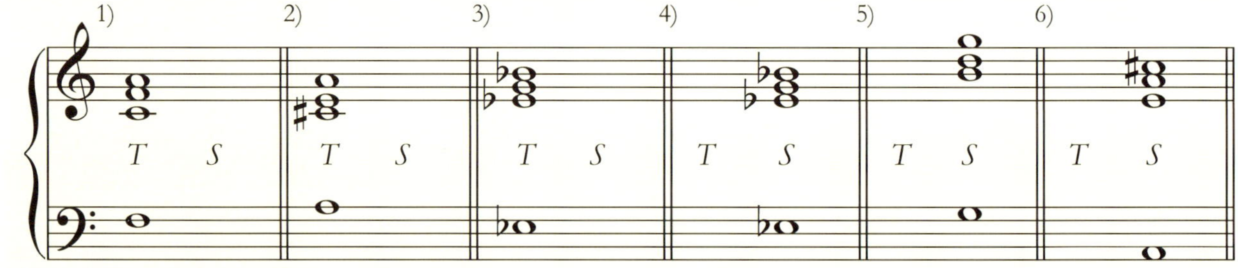

Wer genauer hinschaut, wird entdecken, dass die Stimmführung *Tonika – Subdominante* exakt der Stimmführung *Dominante – Tonika* entspricht. Ein Zufall? Nein, denn beide Klänge können in unterschiedlichen Funktionen erscheinen, abhängig von der Grundtonart (nimm den Quintenzirkel zu Hilfe, siehe Seite 68).

in C-Dur: in F-Dur:

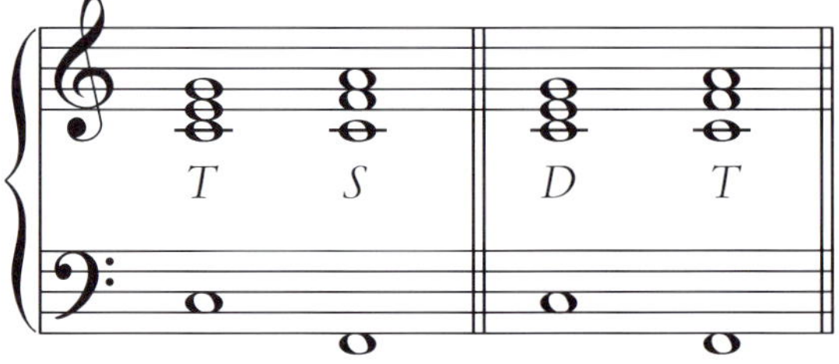

Kadenz C-Dur:	**Subdominante *F***	**Tonika *C***	Dominante G
Kadenz F-Dur: Subdominante B	**Tonika *F***	**Dominante *C***	

gleiche Klänge, aber unterschiedliche Funktionen

Die Verbindung von Subdominante und Dominante

Bei den Akkordverbindungen von Dominante/Tonika und Tonika/Subdominante gab es immer einen gemeinsamen Ton. Anders bei der Fortschreitung **Subdominante** zu **Dominante:** ein gemeinsamer Ton fehlt.

Wie gehen wir vor? Die Grundtöne stehen im Abstand einer großen Sekunde. Da sich die parallele Stimmführung (hier eigentlich der kürzeste Weg) verbietet, ist die beste Lösung eine *Gegenbewegung von Bass und Oberstimmen.*

falsch: Parallelbewegung — *richtig:* Gegenbewegung

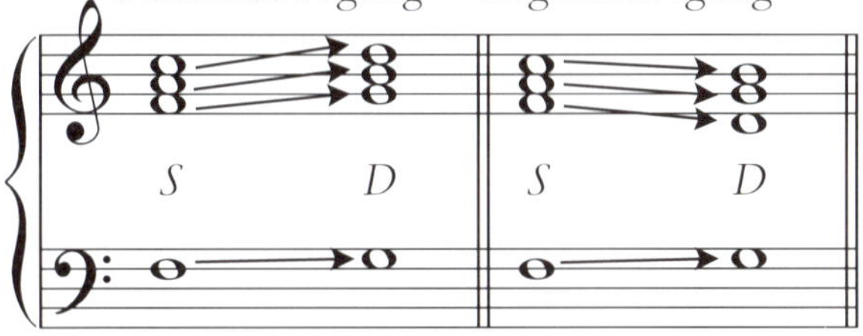

Die drei Lagen:

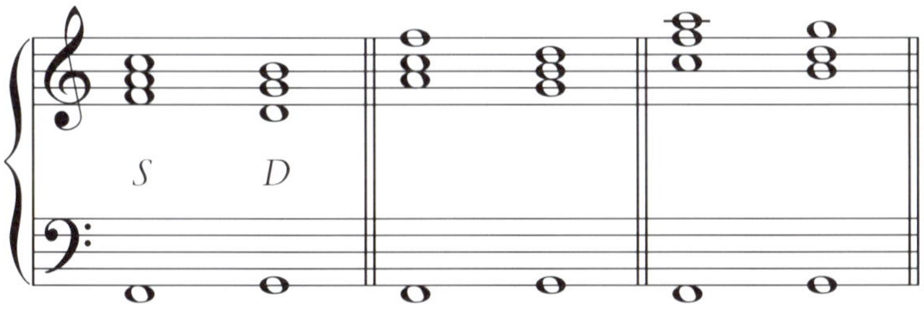

Erkenne, dass auch hier die Verbindung der einzelnen Töne in den Oberstimmen in allen Lagen unverändert bleibt:

- verdoppelter Grundton der Subdominante zu Quinte der Dominante,
- Terz der Subdominante zu verdoppeltem Grundton der Dominante,
- Quinte der Subdominante zu Terz der Dominante.

81 Ergänze in den Übungen 1–3 die Subdominante, in den Übungen 4–6 die Dominante.

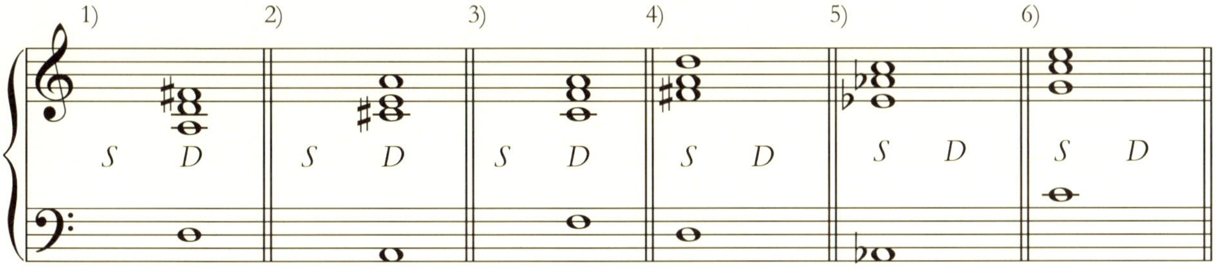

Zusatzaufgabe: Benenne zu allen Funktionen die Tonika.

Die Verbindung der Hauptdreiklänge zur Kadenz

Die Verbindungen der einzelnen Hauptdreiklänge miteinander sind nun erarbeitet und geübt worden. Jetzt folgt das Zusammenfügen zur so genannten **einfachen Kadenz.** Alle besprochenen Stimmführungsregeln behalten ihre Gültigkeit.

Die Kadenz beginnt und endet mit der Tonika in der gleichen Lage, *Ausgangs- und Zielklang sind gleich.* Dennoch besteht zwischen beiden Klängen ein Unterschied: Die Tonika am Anfang fordert Bewegung, drängt zur Weiterführung; dagegen ist die abschließende Tonika ein spannungslösender Ruheklang.

Vorab noch eine Anmerkung zur **Bassführung:**
Die Kadenz ist ein Modell, eine Formel, die in vielerlei Gestalt eine Tonart bestimmt. Ein Wesensmerkmal ist, wie wir in den vergangenen Kapiteln gelernt haben, der *doppelte Quintfall* (*T* zu *S*, *D* zu *T* = Beispiel a), man spricht deshalb auch von *Quintfall-Kadenz* (das Wort *Kadenz* leitet sich ab vom Lateinischen *cadere* = fallen). Wir wollen aber an der Regel festhalten, dass die Tonika als Anfangs- und Schlussklang in der gleichen Lage und mit gleichem Basston erscheint (Schlusston oktaviert = Beispiel b). Verbreitet ist die in Beispiel c gezeigte Variante mit oktavierten Basstönen von Subdominante und Dominante, weil sie (im Gegensatz zu Beispiel b) durch den abschließenden Quintfall eine deutlichere Schlusswirkung hat – wir bevorzugen sie für unsere weitere Arbeit.

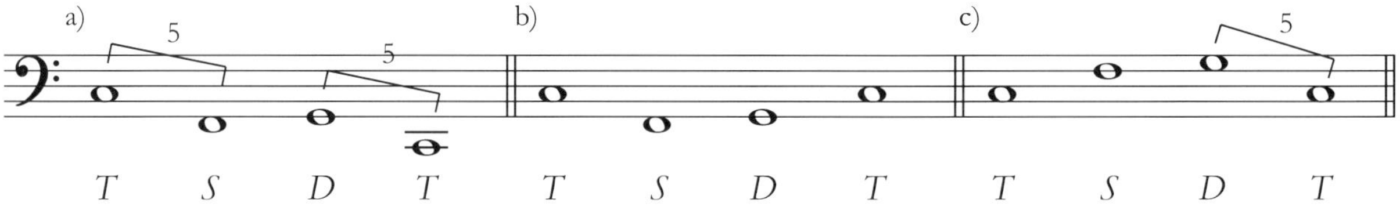

Beim Schreiben der Kadenz empfiehlt sich der bereits geübte Weg in zwei Schritten:
- Schritt 1: Ausgangsklang Tonika bilden – dann Subdominante anfügen,
- Schritt 2: Zielklang Tonika notieren – dann Dominante vorsetzen,
- abschließende Kontrolle: Gegenbewegung von Subdominante zu Dominante.

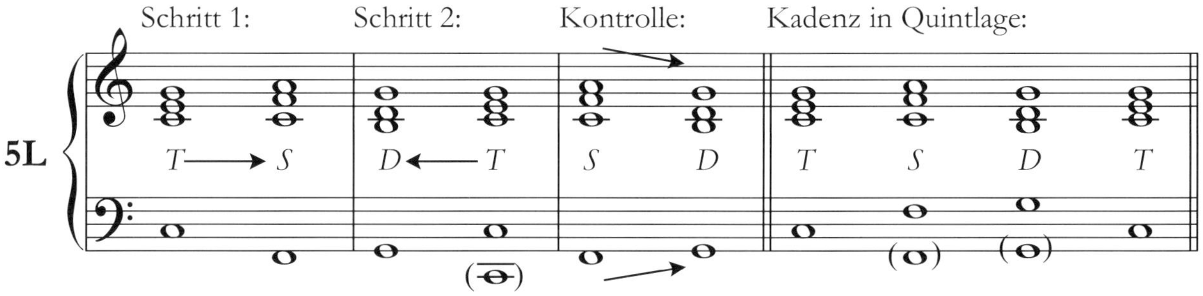

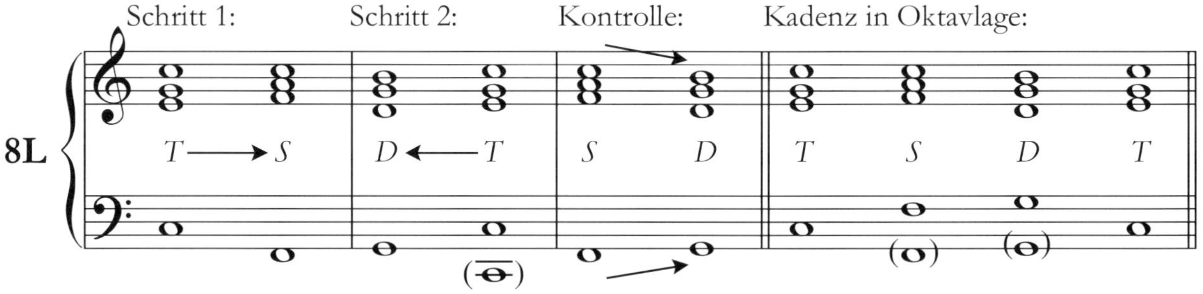

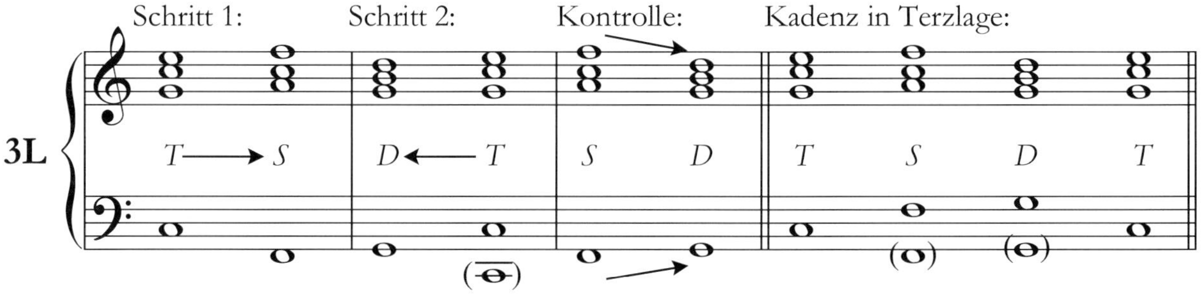

Jetzt sind wir im Lernprozess an einem wichtigen Punkt angelangt. Denn diese Kadenz ist kein abstraktes musiktheoretisches Modell, sondern ein praktikables Hilfsmittel zum Erkennen harmonischer Zusammenhänge, insbesondere für das Begleiten und Erfinden von Melodien, für die Gehörbildung und auch für das Improvisieren.
Weil die Kadenz für das Musizieren so große Bedeutung hat, müssen wir sie auch in unterschiedlicher Art und Weise üben, uns zu eigen machen.

82 Notiere vierstimmige Kadenzen und wiederhole die Stimmführungsregeln:

1) in Quintlage: B-Dur, G-Dur, C-Dur,
2) in Oktavlage: D-Dur, F-Dur, A-Dur,
3) in Terzlage: G-Dur, Es-Dur, D-Dur.

83 **CD** Track 26: Höre die drei Töne (Tenor, Alt und Sopran) eines jeden Kadenzklangs und singe sie auf Notennamen mit.

1) Singe zunächst alle Dreiklänge in den entsprechenden Stellungen aufwärts.
2) Singe dann alle Dreiklänge in den entsprechenden Stellungen abwärts.
Nutze jeweils die Halbe Note zur gedanklichen Vorbereitung auf den kommenden Dreiklang.

Quintlage aufwärts: abwärts:

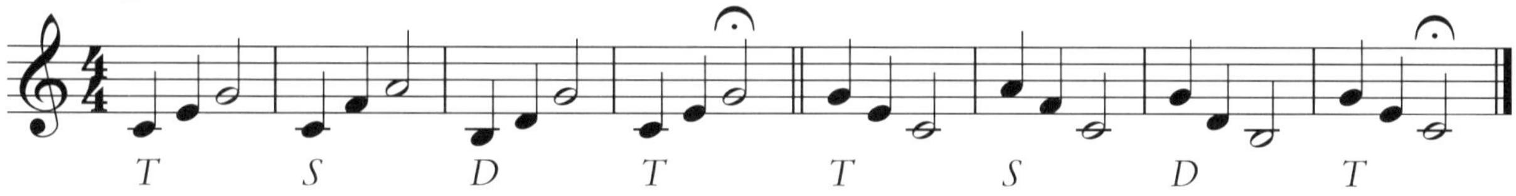

3) Singe in gleicher Art und Weise auch die Kadenzklänge in Oktav- und Terzlage.

84 **CD** Track 27: Höre die Kadenz in C-Dur in den drei Lagen. Singe die Kadenzklänge in melodischer Bewegung wie nachfolgend in den Noten angegeben auf Notennamen. Singe auch in umgekehrter Bewegung – beginne mit dem Tonikadreiklang abwärts.
Reihenfolge: Du hörst die Kadenz. Dann singst du (oktaviert) auf Notennamen die Dreiklangsmelodie über den Kadenzklängen mit.

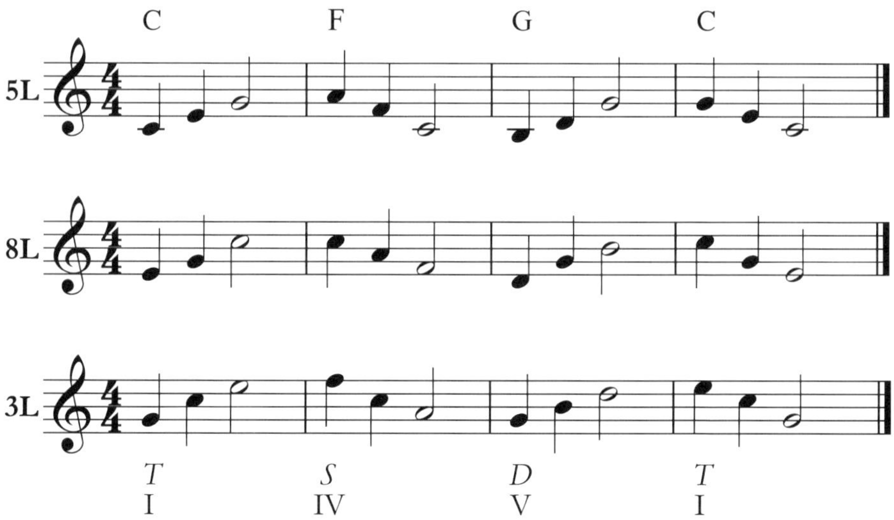

85 Singe (wie in Übung 84 vorgegeben) die Kadenzen aus Aufgabe 82 in „gebrochenen“ Akkorden auf Notennamen. Singe langsam und bewusst, versuche jeden Ton vorauszuhören. Übe die Kadenzen in dieser Form auch auf deinem Instrument.

86 **CD** Track 28: Singe (deinem Stimmumfang angepasst) jede Stimme der Kadenzfolge in Quintlage einzeln und präge dir deren Verlauf ein.
Zu Beginn hörst du die vierstimmige Kadenz. Singe dann die geforderten Stimmen, die nun jeweils in den Begleitakkorden ausgespart sind, auf Silben mit.

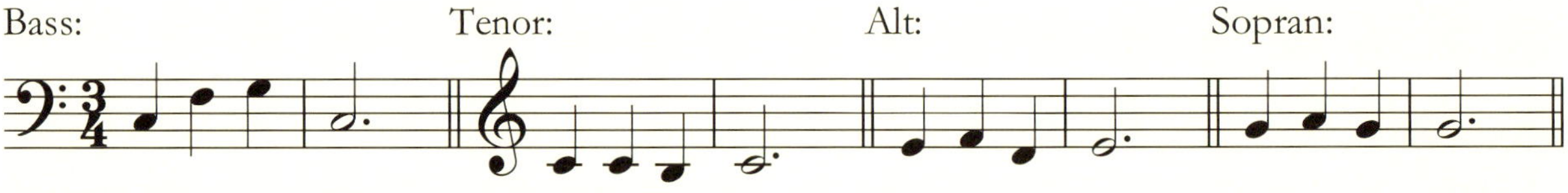

Zusatzaufgabe: Singe nach diesem Modell auch die Kadenzstimmen in Oktav- und Terzlage (was verändert sich dabei?).

Es ist sehr hilfreich, mit anderen die Kadenz vierstimmig zu singen. Ein Beispiel für den Anfang: Beginnt jeden Akkord wie eine Glocke, Ton für Ton nacheinander einsetzend. Haltet die Töne aus, bis der gesamte Akkord klingt – so könnt ihr gut die Stimmung kontrollieren. Wechselt dann die Stimmen. Findet andere Singvarianten.

Versuche wenn möglich, die Kadenzen auf einem Tasteninstrument zu spielen. Hier zur Erleichterung die Noten mit Fingersätzen; die „liegenden“ Töne werden mit dem gleichen Finger gespielt. Auch wenn du dir vielleicht anfangs die Tasten zusammensuchen musst, erhälst du so den notwendigen Klangeindruck.

87 Erkenne und verbessere Satzfehler. Begründe deine Korrektur.

♫ Tipp zur folgenden Aufgabe: Spiele den Satz und singe die Oberstimme. Notiere erst zu jedem Akkord das entsprechende Akkordsymbol, dann dazu das Funktionszeichen.

88 Bestimme die Kadenzfunktionen im Akkordsatz.

Spannung und **Entspannung** prägen den musikalischen Verlauf. Der Akkordsatz in Aufgabe 88 zeigt, wie eng dabei Form, Harmonik und (in diesem Falle nur bedingt) Melodik miteinander verbunden sind. Die Übung besteht aus einem Satz: der Vordersatz umfasst die Takte 1–4 (Motiv und Anschlussglied), der Nachsatz die Takte 5–8. Entscheidend für den Spannungsbogen sind die Schlüsse. Takt 4 endet mit der Dominante, die eine Weiterführung fordert; es ist ein unvollkommener Schluss. Takt 8 endet mit der Tonika, also entspannt, endgültig.

Dieses Prinzip benennt der Musiker mit treffenden Begriffen:

- **Halbschluss** – endet auf *Dominante,* drängt zur Auflösung, Spannung bleibt erhalten,
- **Ganzschluss** – endet auf *Tonika,* Spannung ist gelöst, abschließend.

Erste Übungen zum harmonischen Hören

Nun gilt es, die Klangverbindungen mit dem Gehör zu erfassen. Das **harmonische Hören** soll, wieder ganz einfach beginnend, auf zweierlei Art und Weise geübt werden: Wir wollen die Funktionen im Akkordsatz erkennen und im Folgekapitel die Harmoniewechsel in Melodiebeispielen hören und bestimmen.

Man versteht harmonische Zusammenhänge besser, wenn die Möglichkeit besteht, klangliche Varianten an einem Tasteninstrument (ein kleines Keyboard genügt) auszuprobieren. Auch prägen sich so harmonische Verbindungen im Gehör besser ein. Sänger, Streicher und Bläser, die kein Tasteninstrument besitzen, sollten alle Akkorde gebrochen (sukzessiv) singen oder spielen und sich so eine Klangvorstellung erarbeiten. Schlagzeugern hilft ein Glockenspiel oder Ähnliches.

♫ In den nachfolgenden Hörbeispielen erklingen aus methodischen Gründen *immer die Grundtöne im Bass.* Quint-, Oktav- und Terzlage wechseln.

89 **CD** Track 29: Höre und unterscheide die Wechsel *T–S–T* und *T–D–T.*

Nun werden die Kadenzklänge unterschiedlich kombiniert. Orientiere dich an den Bass-Grundtönen.

90 **CD** Track 30: Höre drei Kadenzen und versuche die Funktionen zu erkennen.

Die Kadenz als melodische Grundlage

In der uns umgebenden Musik bilden **Melodie** und **Harmonie** meist eine Einheit; *die Melodie ist harmonisch gebunden.* Das folgende Hörbeispiel soll das verdeutlichen. Die einfache Liedmelodie erklingt zweimal: erst mit den abgedruckten Grundharmonien, dann mit einigen Abweichungen, mit harmonischen Fehlern. Man kann also, wie hoffentlich deutlich zu hören ist, die Kadenzfunktionen nicht wahllos zuordnen, sondern jede Melodiewendung erfordert eine entsprechende Harmonie.

91 **CD** Track 31: Höre das Lied zweimal mit einer einfachen Begleitung, vergleiche mit den Akkordsymbolen und Funktionszeichen in den gedruckten Noten. Nenne im zweiten Hörbeispiel die Takte, in denen die Begleitharmonien nicht zur Melodie passen.

Little Brown Jug (englisches Trinklied)

Wir wollen nun zu einer Melodie die richtigen Harmonien finden, sie *harmonisieren* – eine wichtige Anwendung der Kadenz. **Harmonisieren** heißt für uns zunächst, die Harmoniewechsel zu erkennen, die Funktionen zu bestimmen und die Akkordsymbole über die Noten zu schreiben.

Der **Harmoniewechsel** erfolgt in der Regel auf einer metrischen Betonung, auf der Takt-Eins (vergleiche dazu das oben abgedruckte Lied *Little Brown Jug*). Bei Melodien im langsamen Tempo im 4/4-Takt ändern sich die Harmonien oft zusätzlich auf der Taktmitte oder sogar, wie beim Choral, auf jedem Grundschlag. Natürlich kann sich eine Harmonie auch über mehrere Takte erstrecken.

Als ersten Schritt lesen, singen oder spielen wir die Melodie mehrfach, um uns einzuhören. Dabei erkennen wir *Grundton* und *Tongeschlecht* (Dur/Moll). Wenn Noten vorliegen, ermöglicht die Vorzeichnung, die *Tonart* abzulesen. Aber Vorsicht! Wie bekannt, ist der Grundton oft nicht der Anfangston, aber meist der Schlusston. Das folgende Lied steht, hoffentlich leicht zu erkennen (keine Vorzeichnung, Anfangs- und Schlusston = c^2), in C-Dur, nicht etwa in a-Moll.

Ukrainisches Volkslied

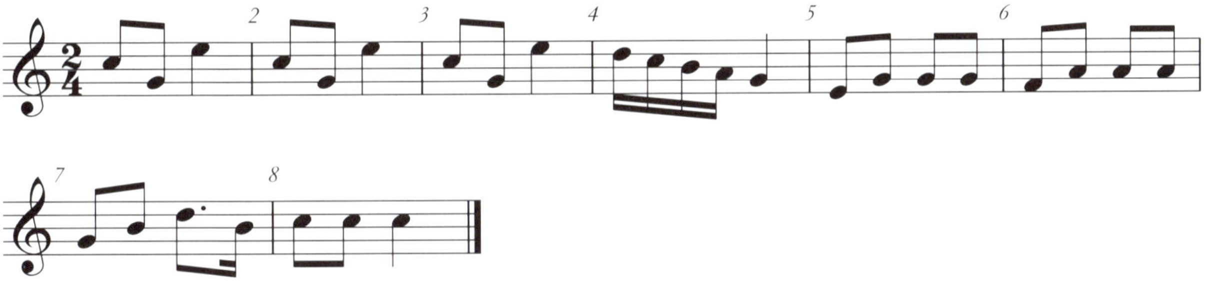

Wie schon besprochen, basieren viele Melodien auf den Grunddreiklängen. Also sollte man zunächst die Dreiklangstöne von Tonika, Subdominante und Dominante bilden. Mit diesen Klängen vergleichen wir das Tonmaterial unseres Liedes:

- Takte 1, 2 und 3 wiederholen den C-Dur-Dreiklang, also muss Tonika C-Dur die Grundharmonie sein. Wer das nicht glaubt, spiele als Test diese Takte mit Begleitung von F- oder G-Dur-Dreiklang!
- Takt 4 – eine unerklärbare melodische Figur? Wer genauer hinschaut, entdeckt den G-Dur-Dreiklang abwärts auf den betonten Taktteilen, Funktion Dominante. Die unbetonten Töne c^2 und a^1 verbinden die Dreiklangstöne, es sind so genannte *Durchgangstöne.*

- Takt 5 bringt mit e^1 und g^1 zwei Töne des C-Dur-Dreiklangs, also Tonika.
- Takt 6 enthält mit f^1 und a^1 zwei Töne des F-Dur-Akkords, also der Subdominante.
- Da Takt 8 mit der Tonika abschließt, wird der vorangehende Takt 7 vermutlich dominantischer Funktion sein – in der Tat: ein eindeutiger G-Dur-Dreiklang.

Mit dem Singen wurde auch die Gliederung durch das Atmen deutlich: zweimal vier Takte. Der *Formablauf* der Melodie steht in enger Verbindung zur Harmonik. Betrachten wir die Phrasenschlüsse: Takt 4 Dominante = Halbschluss, Takt 8 Tonika = Ganzschluss.

92 Singe und spiele. Was ändert sich harmonisch in diesen Variationen? Notiere zu jedem Takt die entsprechende Funktion.

1)

2)

Betrachten wir ein weiteres Beispiel.

Melodie aus der Schweiz

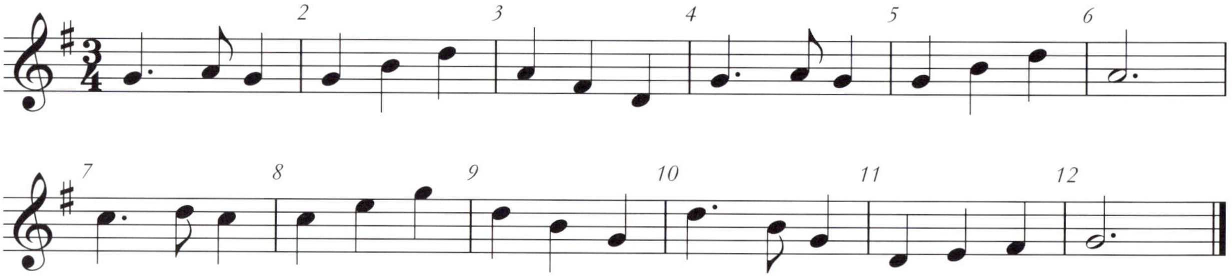

Tonart G-Dur (siehe Anfangs- und Endton), daran gibt es wohl keine Zweifel. Das Durchsingen oder -hören macht deutlich, dass die zwölf Takte in zweimal sechs Takte unterteilt sind (Form a–b); das Motiv ist dreitaktig.

- Takte 1 und 2: Tonika G-Dur. Ton a^1 (Takt 1) ist ein so genannter *Wechselton,* der unbetonte obere Nachbarton. Grundton g^1 wird umspielt.
- Takt 3: D-Dur-Dreiklang, also Dominante.
- Takte 4–6: wiederum *T T D* (Halbschluss).
- Takte 7–9: Das Motiv erscheint als Sequenz eine Quarte höher. Takte 7 und 8 ergeben C-Dur, also die Subdominante, wobei d^2 wieder eine Wechselnote ist.
- Takt 9 enthält den Tonikadreiklang.
- Takt 10: Wiederholung des G-Dur-Dreiklangs *(T).*
- Takt 11: D-Dur *(D);* d^1 auf betonter Zählzeit, e^1 als Durchgangston zum Akkordton fis^1.
- Takt 12: Ganzschluss auf Grundton g^1.

93 Singe die *Melodie aus der Schweiz,* spiele dazu (oder lass dazu spielen) auf jeder Takt-Eins die entsprechenden Dreiklänge. Experimentiere, versuche die Kadenzklänge auszutauschen – wie klingt das Ergebnis?

Zusatzaufgabe: Notiere, singe und spiele die Melodie mit ihren Harmonien in F-Dur und in A-Dur.

94 Singe und spiele. Notiere Harmonie- und Funktionsfolge der veränderten *Schweizer Melodie.*

Noch einige Hinweise zu den **Durchgangs-** und **Wechseltönen.**
Zum Bestimmen der Harmonie ist das Zuordnen der Melodietöne eine Voraussetzung. Man unterscheidet *harmonieeigene* (akkordeigene) und *harmoniefremde* (akkordfremde) Töne. Harmonieeigen sind die Dreiklangstöne der jeweiligen Funktion *(T, S, D).* Das klingt einleuchtend, sollte aber doch noch einmal am Beispiel erklärt werden.

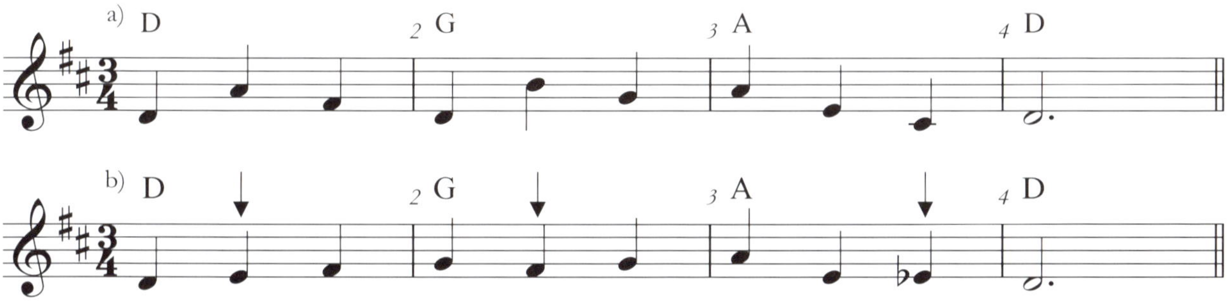

Beispiel a enthält nur harmonieeigene Töne. Beachte aber bitte: Jeder Takt hat eine andere Harmonie (siehe Akkordsymbol). Das a[1] aus Takt 1 wäre also in Takt 2 harmoniefremd. Oder: Das h[1] ist in Takt 2 harmonieeigen, in allen anderen Takten aber harmoniefremd.

95 Beispiel b enthält einige harmoniefremde Töne, die mit einem Pfeil markiert sind. Begründe, warum diese Töne harmoniefremd sind.

Durchgangs- und Wechseltöne sind *harmoniefremd* und stehen immer *auf unbetonten Zählzeiten.*

- Durchgangstöne (Dt) verbinden harmonieeigene Töne.
- Wechseltöne (Wt), kurz: Wechsler, führen zur oberen oder unteren Sekunde und danach zum Ausgangston zurück.

96 Singe und spiele. Versuche die beiden Melodien zu harmonisieren, trage Funktionen und Akkordsymbole ein. Markiere Durchgänge (Dt) und Wechsler (Wt).

Dat du min Leevsten büst

Tanz aus dem 17. Jh.

Eine Harmoniefolge kann auch zum Ausgangspunkt einer Komposition werden. Schaffe kleine Melodien nach vorgegebenen bzw. selbst gefundenen Harmonien. Nimm wie in den vorangegangenen Beispielen die Dreiklangstöne der Kadenzklänge als Stützpfeiler.

97 Finde Melodien zu der Harmoniefolge *T D T S D T D T.*

98 Finde zu den Akkordfolgen mehrere Melodien und notiere die, die dir am besten gefällt.

1) B♭ | E♭ | B♭ | F |: E♭ | B♭ | F | F :|
B♭ | B♭ | F | B♭ ||

2) D | G | D | A | D | G | A | D ||

Der Vorhalt

Wenn wir über Durchgangs- und Wechseltöne, also über harmoniefremde Töne sprechen, muss der **Vorhalt** erwähnt werden. Auch der Vorhalt ist harmoniefremd, aber er steht im Gegensatz zu Durchgang und Wechsler *auf betonter Zählzeit.* Den Beatles-Klassiker *Yesterday* hast du sicher „im Ohr"; das Motiv enthält gleich zwei Vorhalte:

- Takt 1: Harmonie Es-Dur; auf dem Taktschwerpunkt Zählzeit 1 klingt f^1, ein harmoniefremder Ton, der sich sofort in den Akkordgrundton es^1 auflöst.
- Takt 3: Harmonie c-Moll; auf dem Taktschwerpunkt Zählzeit 1 klingt d^2, ein harmoniefremder Ton, der sich sofort in den Akkordgrundton c^2 auflöst.

Diese betonten Töne f^1 und d^2 bezeichnet man als Vorhalte – sie werden dem nachfolgenden unbetonten Akkordton „vorgehalten".

Vorhalte können vor jedem Dreiklangston erscheinen. Sie stehen meist über dem Akkordton (Beispiele a–d), seltener darunter (Beispiele e–g). Im Akkord können auch mehrere Töne vorgehalten sein. Die Zahlen geben die Intervalle an, z. B. 4–3 bedeutet *Quartvorhalt* (Quarte vor Terz).

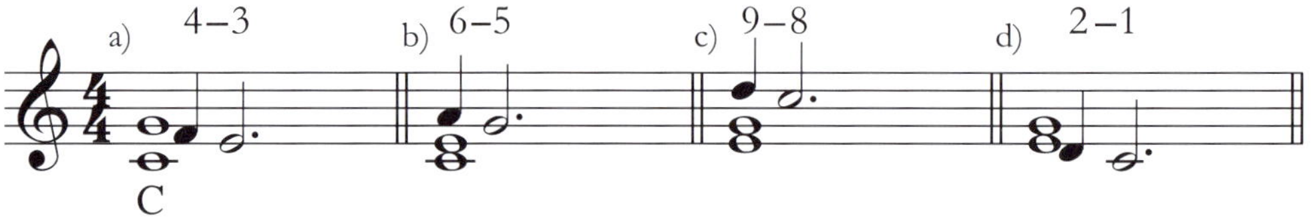

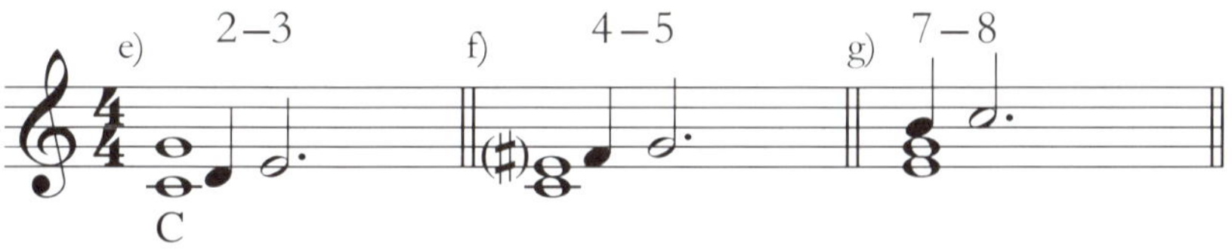

Mehrtönige Vorhalte:

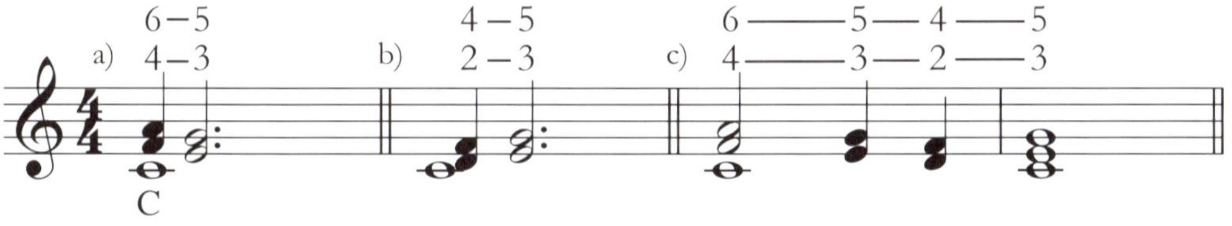

In dieser Übersicht sind alle Vorhalte leitereigene Töne. Es können aber auch chromatische Vorhaltstöne auftreten.

99 Singe und spiele. Trage die Funktionszeichen ein. Finde Vorhalte und bezeichne sie mit Zahlen.

Da unten im Tale (aus Schwaben)

Ein Vorgriff auf späteren Stoff (siehe Seite 78): Das Akkordsymbol C^7 im Takt 7 sagt aus, dass dem C-Dur-Dreiklang eine kleine Terz angefügt wird, sodass sich als Rahmenintervall eine kleine Septime ergibt: c–e–g–**b.**

Und wieder Rhythmus ...

Wiederhole die Rhythmus-Grundfiguren im Zweier- und Dreiertakt ab Seite 7 mit den entsprechenden Übungen.

100 Klopfe – zunächst ohne Überbindungen, später mit Überbindungen.

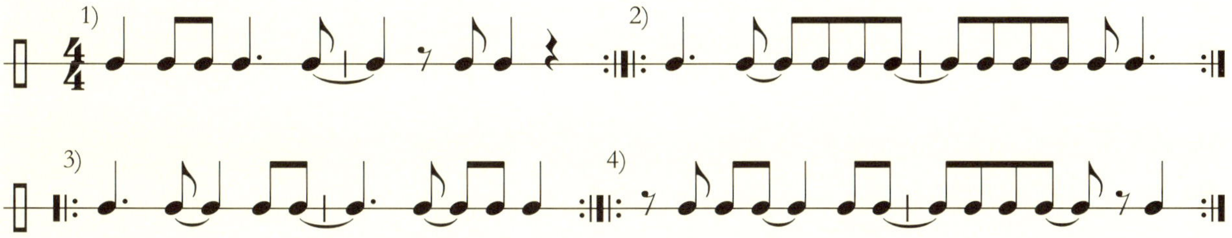

101 Klopfe den Rhythmus vom Blatt. Spiele auf dem Instrument, singe in deiner Stimmlage.

Spanischer Tanz

Zusatzaufgaben: 1) Halbiere schriftlich Takt und Notenwerte.
2) Gestalte den Tanz mit Artikulation und Dynamik, spiele transponiert.

102 **CD** Track 32: Korrekturdiktat. Erkenne rhythmische Abweichungen zu dem in Aufgabe 101 abgedruckten *Spanischen Tanz* (die Wiederholungen entfallen).

103 Klopfe Zeile a vom Blatt. Vergleiche Zeile b mit Zeile a. Klopfe b.

a)

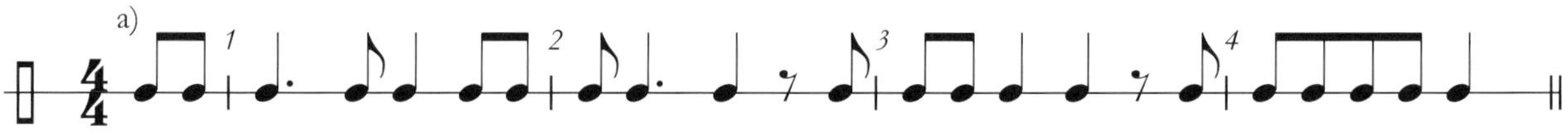

b)

Zusatzaufgabe: Erfinde zum Rhythmus Melodien, notiere sie. Ergänze zum Achttakter.

104 Klopfe den Rhythmus vom Blatt. Spiele auf dem Instrument, singe in deiner Stimmlage.

Tanz aus der Provence

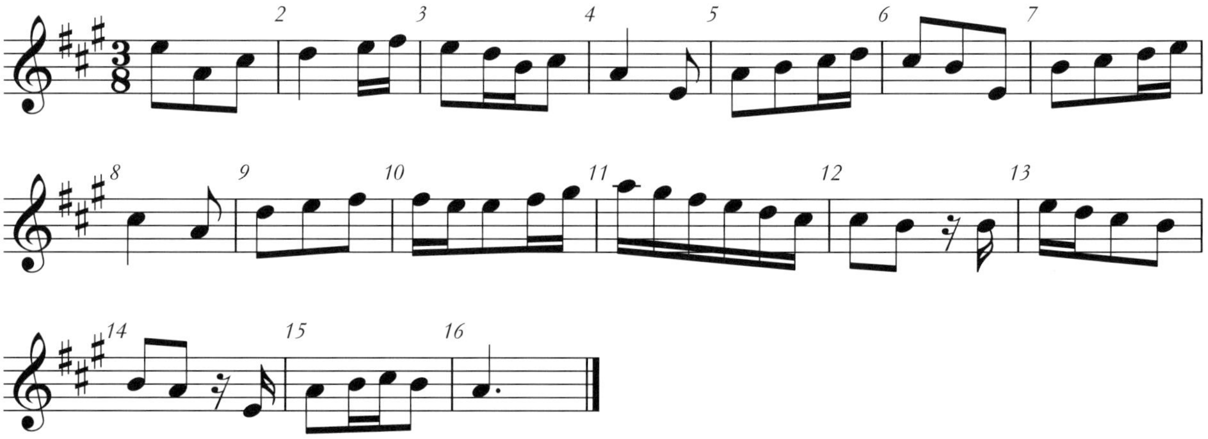

Zusatzaufgaben: 1) Verdopple schriftlich Takt und Notenwerte, transponiere nach G-Dur.
2) Übertrage den Tanz in die Varianttonart (rein).
3) Gestalte den Tanz mit Artikulation und Dynamik.

105 **CD** Track 33: Korrekturdiktat. Der *Tanz aus der Provence* aus Aufgabe 104 enthält im Klangbeispiel rhythmische und melodische Abweichungen. Konzentriere dich zunächst auf die rhythmischen Veränderungen, markiere später die Fehler in der Melodie.

Jetzt kombinieren wir Achtel, Punktierungen, Triolen und Sechzehntel.

106 Klopfe.

107 **CD** Tracks 34/35: Rhythmusdiktate
Achtung! In Track 35 werden die Rhythmen auf zwei Pauken geschlagen; notiere einstimmig.

108 Klopfe den Rhythmus, dazu mit der anderen Hand die Grundschläge.

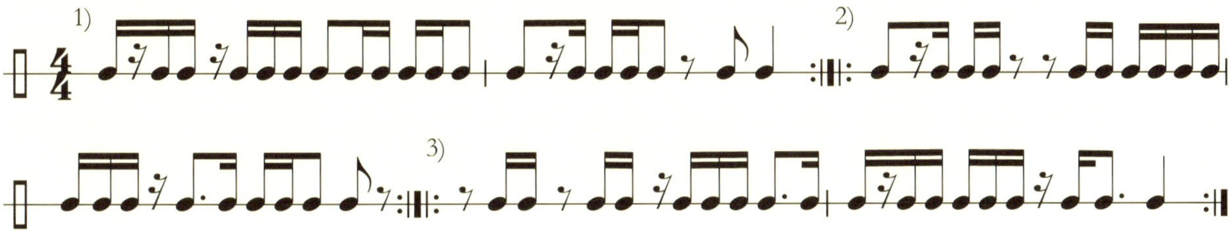

Längere Pausen können einem Musiker, wenn er sich verzählt, durchaus zum Verhängnis werden. Deshalb eine kleine Zählübung.

♫ Orientiere dich im Tempo an der möglichst sicheren Ausführung der kleinsten Notenwerte, hier also der Sechzehntel. Halte das Tempo ein, werde nicht schneller. Lass immer den Grundschlag (unhörbar) in dir mitschwingen, vermeide lautes, deutlich sichtbares „Takttreten" mit dem Fuß (versuche den Grundschlag unauffällig mit den Zehen zu markieren). Zähle die Pausen genau aus.

▶ Noch etwas Neues: Ganztaktpausen werden in Einzelstimmen zur besseren Übersicht meist noch mit einer dicken **1** gekennzeichnet (siehe Takte 4 und 7).

109 Sprich den Rhythmus auf Silben und taktiere dazu. Akzentuiere leicht die Grundschläge.

♫ Nun wieder etwas Zweistimmiges:
- Übe auf zwei voneinander abweichenden Klangebenen (Bleistift/Handfläche, Tischplatte/Oberschenkel usw.).
- Wechsle bei der Wiederholung die Hände.
- Übe dynamisch abgestuft.

110 Klopfe auf beide Hände verteilt.

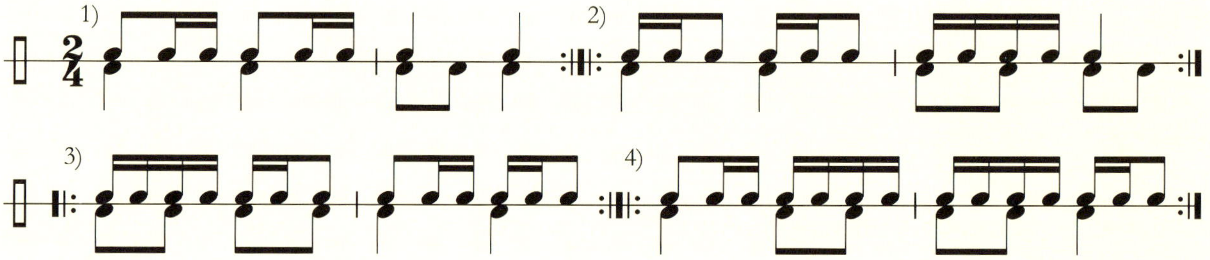

111 Klopfe auf beide Hände verteilt.

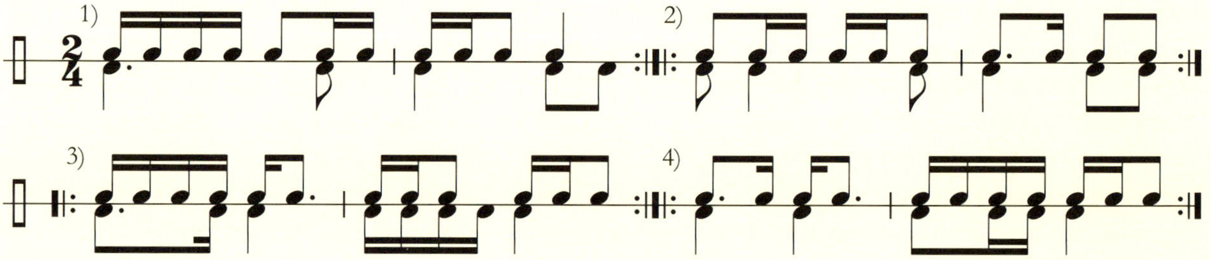

112 Erfinde, notiere und klopfe möglichst viele eigene Beispiele im gleichen Schwierigkeitsgrad.

113 **CD** Track 36: Erarbeite das Duo mit dem inneren Gehör (Silben denken!). Verfolge dann Note für Note das Klangbeispiel. Klopfe schließlich die Einzelstimmen im Duo mit. Wechsle bei der Wiederholung die Stimme. Versuche schließlich, beide Stimmen als Einheit zu erfassen.

Zusatzaufgabe: Klopfe auf beide Hände verteilt.

▶ Im Duo steht hinter dem Wiederholungszeichen von Takt 14 die Taktangabe 2/4. Dieser für das Musizieren hilfreiche Hinweis besagt, dass ein *Taktwechsel* folgt, hier: dass mit dem *Da capo* wieder der 2/4-Takt beginnt.

Jetzt fangen wir mit einfachen **zweistimmigen Rhythmusdiktaten** an. Die Stimmen sind klanglich deutlich voneinander abgehoben: Die bewegtere Oberstimme erklingt auf einem höheren Perkussionsinstrument, die Unterstimme auf einem tieferen – so fällt dir die Zuordnung leichter. Unser Ziel ist es, den zweistimmigen Rhythmus möglichst *als Einheit* aufzunehmen, nachzuklopfen und zu analysieren.

♫ Einige Tipps vorab.

- Konzentriere dich zunächst auf *eine* Stimme, die einfachere, in unseren Beispielen die Unterstimme. Achte auf die Taktschwerpunkte. Notiere die Stimme, wie immer ohne Pausenzeichen.
- Lass beim Aufschreiben genügend Abstand zwischen den Noten, damit du die (kleineren) Notenwerte der anderen Stimme richtig zuordnen kannst. Wir sprechen vom **Untersatz:** Die Noten beider Stimmen stehen den Zählzeiten entsprechend übereinander. Vermeide also ein unübersichtliches Notenbild, denn das führt oft zu Fehlern bei späterem Abspielen.
- Konzentriere dich dann auf die Oberstimme, nun schon im Verhältnis zu der bereits bekannten Unterstimme. Notiere sie.
- Vergleiche und klopfe.
- Natürlich kannst du auch mit der Oberstimme beginnen – wähle den für dich günstigsten Weg.

114 **CD** Tracks 37/38: Zweistimmige Rhythmusdiktate im 4/4- und 3/4-Takt.

115 Höre nochmals die Tracks 37/38 und notiere die zweistimmigen Rhythmen im 2/4- bzw. 3/8-Takt. Die Vorzähler sind jetzt Achtelschläge.

Zur Synkope

Wir haben gelernt: Die **Synkope** ist eine rhythmisch-metrische Figur, in der Töne von betonten Taktteilen auf unbetonte verlagert, vorgezogen werden. So ist die Taktordnung gestört, die eigentliche Folge der Betonungen verändert (wiederhole in Heft 2 das Kapitel *Synkope* ab Seite 10).

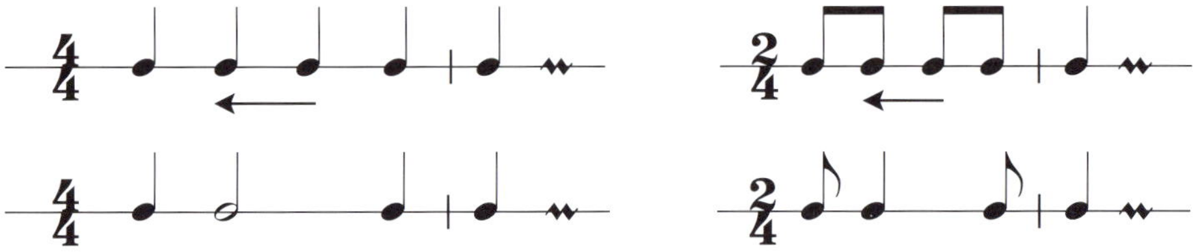

Die Grundfiguren mit den Notenwerten Viertel/Achtel einschließlich Synkope **G:**

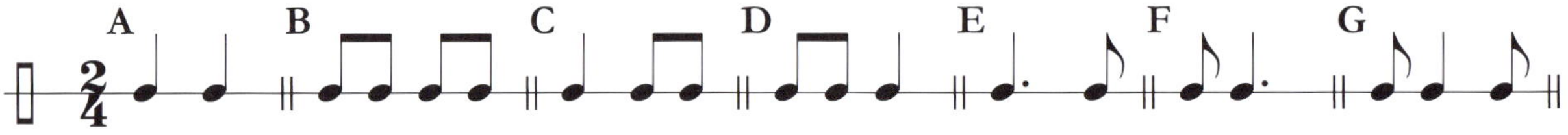

Auch die Grundfigur **F** hat synkopischen Charakter: Das zweite Viertel wird um ein Achtel vorgezogen (zähle Achtel).

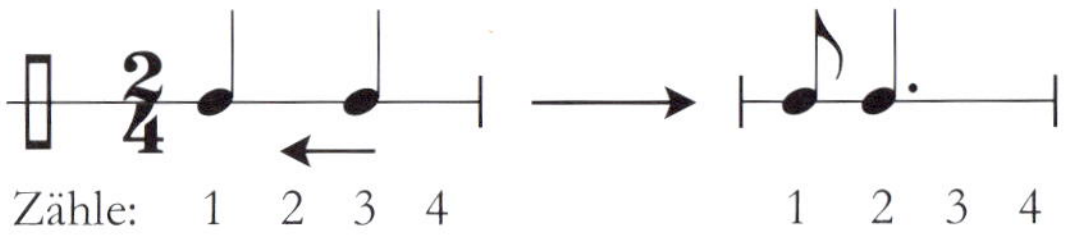

116 Klopfe erst alle Takte mit Synkopen. Klopfe dann den Melodierhythmus, dazu mit der anderen Hand den Grundschlag. Singe und spiele beide Lieder.

Zwei slowakische Lieder

Zusatzaufgaben: 1) Bestimme die Formen. Welche Besonderheit weist Lied 2 auf?
2) Erkenne melodische und rhythmische Sequenzen.
3) Beginne Lied 1 auf Ton es, Lied 2 auf Ton d^2; versuche vom Blatt zu transponieren (vorher Tonleiter einprägen!).
4) Notiere Lied 2 in C-Dur und finde eine einfache Harmonisierung.

117 Fülle die offenen Takte mit jeweils einer der Grundfiguren **C–G.** Finde und notiere mehrere Rhythmus-Varianten und klopfe sie. Stelle dann dazu „melodische Fragen“ und beantworte sie.

118 Singe und spiele. Verdopple die Notenwerte und notiere das Lied im 4/4-Takt.

Old Virginny (aus den USA)

Die Synkope nahm bisher im 4/4-Takt die erste oder die zweite Takthälfte ein. Sie kann aber z. B. auch auf Taktzeit 2 beginnen und somit die Taktmitte einschließen. Das führt zu unterschiedlicher Notierung, vergleiche z. B. Takt 1 mit Takt 8 in *Sloop John B.*

119 Klopfe alle Takte mit Synkopen (klopfe wieder mit der anderen Hand den Grundschlag dazu). Singe und spiele.

Sloop John B. (aus den USA)

Zusatzaufgabe: Finde eine einfache Harmonisierung.

Von so genannten **Synkopenketten** spricht man, wenn zwei oder mehrere Synkopen miteinander verbunden werden (siehe die Beispiele auf Seite 50 oben).

Zähle: 1 + 2 + 3 +　　1 + 2 + 3 +　　1 + 2 + 3 +

oder

1 2 3 4　　1 2 3 4　　1 2 3 4

120 Beschreibe den Rhythmus in den Takten 1 und 3. Klopfe den Melodie-Rhythmus und mit der anderen Hand den Grundschlag.

Menuett (Luigi Boccherini)

121 Klopfe. Markiere mit der anderen Hand die Grundschläge.

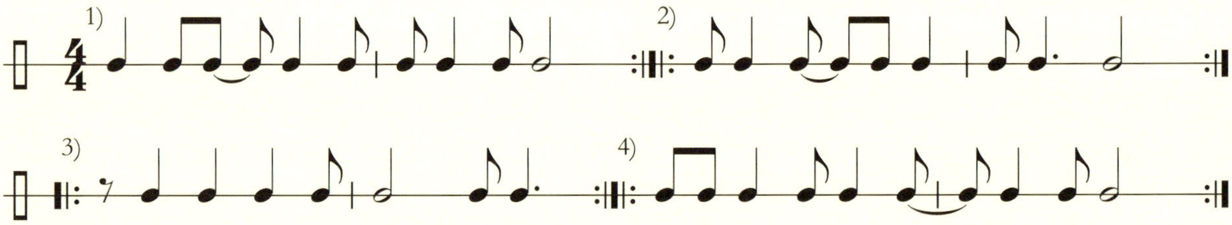

Zusatzaufgabe: Notiere alle Synkopen als Achtel mit Überbindungen.

122 **CD** Track 39: Rhythmusdiktate mit mehreren Synkopen

Bisher kennen wir
- die *Viertel-Synkope* (a) mit dem Zählwert vier Viertel bzw. zwei Halbe,
- die *Achtel-Synkope* (b) mit dem Zählwert vier Achtel bzw. zwei Viertel,
- nun folgt die **Sechzehntel-Synkope** (c).

▶ Beachte: Das rhythmische Verhältnis 1 : 2 : 1 bleibt in allen drei Formen unverändert.

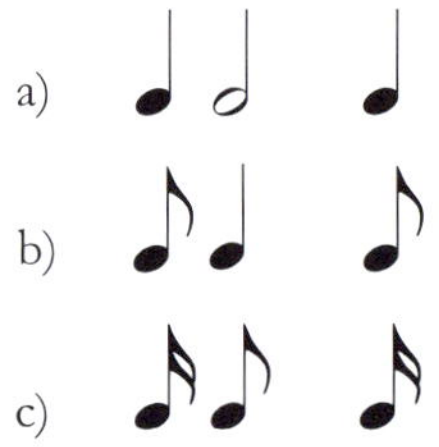

Das Umschreiben bzw. Umdenken von kompliziert aussehenden Rhythmusfiguren mit vielen kleinen Notenwerten erleichtert deren praktische Ausführung.

123 Notiere Übung 1 im 2/4-Takt, halbiere die Werte. Notiere Übung 2 im 4/4-Takt, verdopple die Werte. Klopfe.

1) 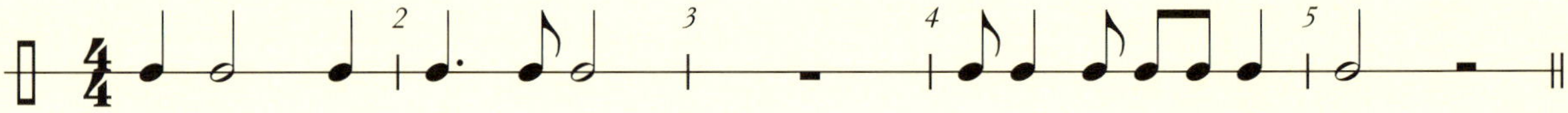

2) 

Die rhythmischen Grundfiguren mit den Notenwerten Achtel/Sechzehntel einschließlich Synkope **G** (vergleiche Seite 48):

124 Klopfe – zähle Achtel, später Viertel. Bestimme die Grundfiguren.

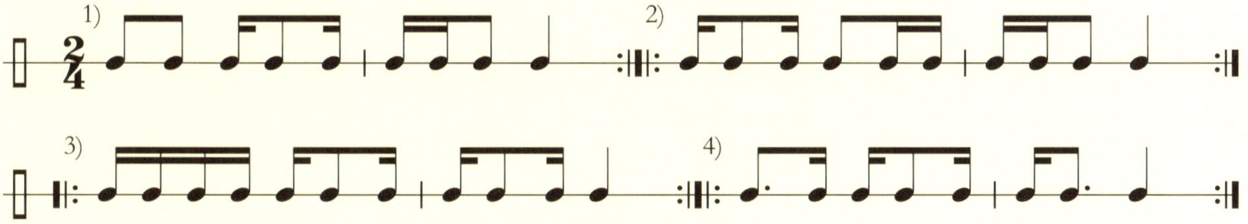

Zusatzaufgabe: Erfinde, notiere und klopfe ähnliche Übungen mit diesen Grundfiguren.

♫ Erarbeite die folgenden Übungen Schritt für Schritt. Übe bis zur sicheren Ausführung in kleinen Einheiten. Präge dir dabei immer wieder Noten- und Klangbild der Grundfiguren ein.

125 Klopfe – zähle Achtel, später Viertel.

1) 

2) 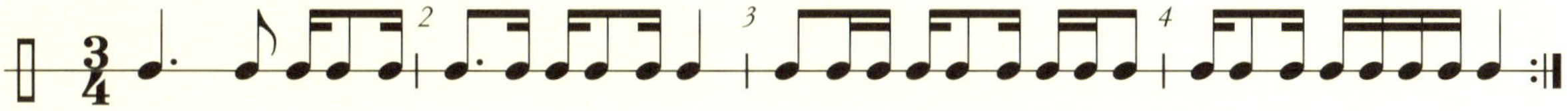

126 Klopfe den Melodie-Rhythmus und mit der anderen Hand den Grundschlag (erst Achtel, später Viertel). Spiele und singe.

Nach einem Lied aus Bolivien

127 Erarbeite den rhythmischen Ablauf mit dem inneren Gehör; bestimme die Grundfiguren. Klopfe danach langsam mit einer Hand den Melodie-Rhythmus, mit der anderen gleichmäßige Achtel, dann Viertel. Steigere allmählich das Tempo.
Spiele das Stück mit eigener Artikulation und Dynamik.

Nach einem Fiddle Tune (aus den USA)

Zusatzaufgabe: Die Takte 1–8 und 9–16 (mit Auftakten) haben die gleiche Grundmelodie. Schreibe beide Teile mit exaktem Untersatz untereinander und versuche die melodisch-rhythmischen Veränderungen zu erkennen. Vielleicht kannst du sogar eine weitere Variante erfinden?

128 **CD** Track 40: Höre den Anfang des folgenden Klavierstücks und vervollständige den Rhythmus der Melodie; zeichne die Balken ein.

The Little Nigar (Claude Debussy)

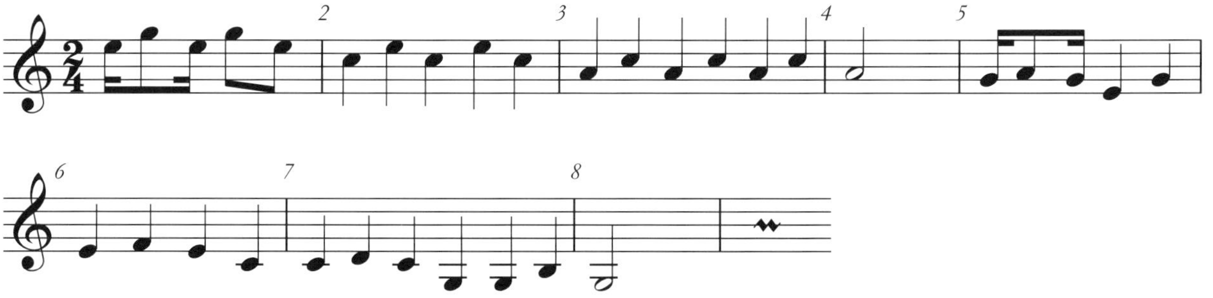

129 **CD** Track 41: Rhythmusdiktate

130 Nimm die beiden Rhythmus-Motive als Grundlage für eine Liedform.

1) 

2) 

Noch eine kleine Steigerung als Zugabe? Vielleicht Sechzehntel-Synkopen mit Überbindungen? Bitte! Hier ist ein Teil eines *Ragtimes* von Scott Joplin. „Ragged time“ (aus dem Englischen) kann mit „zerrissener Takt“ übersetzt werden. Beim Ragtime handelt es sich um Klaviermusik afroamerikanischer Musiker aus dem letzten Drittel des 19. Jhs. bzw. dem Anfang des 20. Jhs., die durch stark synkopierte Melodik (daher der Name) geprägt ist. Ein bekanntes Beispiel ist *The Entertainer* von Scott Joplin.

Zu Aufgabe 131: Lass dich nicht von dem (scheinbar) komplizierten Notenbild abschrecken. Schau dir zunächst den Rhythmus an: Du wirst bald erkennen, dass sich der Rhythmus des Motivs (a) in den Takten 1–13 sechs Mal unverändert wiederholt, nur die Takte 14–16 weichen als Schluss ab (b). Übe also erst intensiv die Rhythmen a und b – und wenn dich die vielen Sechzehntel irritieren, dann übertrage diese Takte in doppelten Notenwerten in den 4/4-Takt. Damit müssten eigentlich alle rhythmischen Probleme gelöst sein …

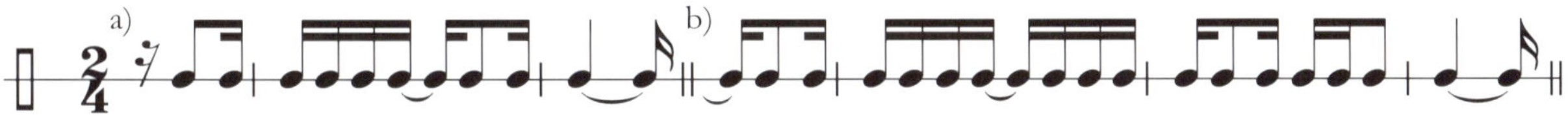

Erarbeite die Melodie nach ähnlicher Methode: Bestimme die Form (ab welchem Takt wiederholt sich die Melodie?). Erkenne die mehrfachen Sequenzen (in welchem Abstand folgen sie aufeinander?). Wie enden die Teile? usw.

131 Erarbeite zunächst die rhythmische Struktur, dann klopfe, dann spiele.

The Strenous Life / Ragtime (Scott Joplin)

132 Höre nochmals **CD** Track 39: Notiere die Beispiele jetzt aber im 2/4-Takt mit dem *Grundschlagwert Achtel* (halbiere die Notenwerte).

Der 3/2- und der 6/4-Takt

Der 3/2- und 6/4-Takt begegnet uns oft in Liedern und Tänzen aus älterer Zeit. Doch keine Angst vor neuen Schwierigkeiten – wir treffen wieder auf bereits Gelerntes.

Wir kennen den Dreiertakt als 3/4- und 3/8-Takt.
Im **3/2-Takt** ist nun die Halbe Grundschlag.
Wir zählen Halbe: **1**–2–3 | **1** …
Die sechs Viertel sind in *drei* Zweiergruppen zusammengefasst:

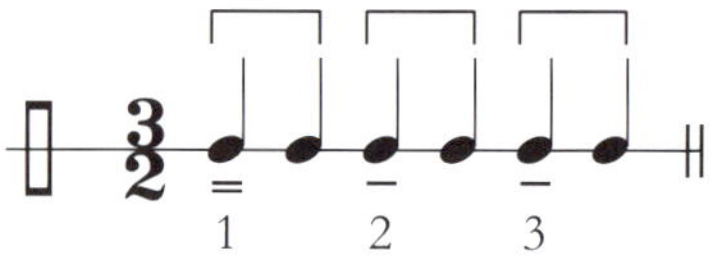

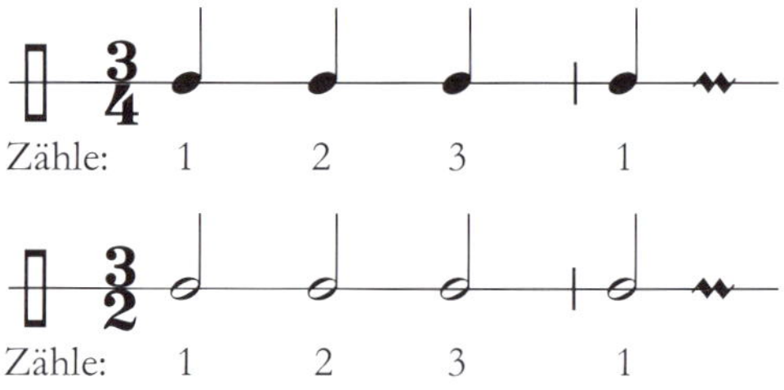

▶ Taktiere den 3/2-Takt wie den 3/4-Takt.

133 Schreibe die Zählzeiten unter die Noten. Singe den Rhythmus auf Silben und taktiere dazu. Klopfe den Rhythmus, markiere den Grundschlag. Singe und spiele beide Melodien.

Volte aus *Terpsichore* (1612)

Zusatzaufgaben: 1) Notiere die Melodie transponiert im 3/4-Takt (halbiere die Notenwerte), beginne mit dem Ton B im Bassschlüssel.
2) Denke dir die Melodie mit Des-Dur-Vorzeichnung und lies die Notennamen laut.

Aus einem *Largo* (Georg Friedrich Händel)

Zusatzaufgabe: Notiere die Melodie in fis-Moll im 3/4-Takt im Violinschlüssel.

134 Schreibe die Grundfiguren **A** bis **H** (siehe Seite 8) nun mit dem Grundschlag Halbe, also im 3/2-Takt.

Selten treffen wir auf den **4/2-Takt.** Er unterscheidet sich vom 4/4-Takt durch den veränderten Grundschlagwert – anstelle des Viertels werden nun Halbe gezählt.

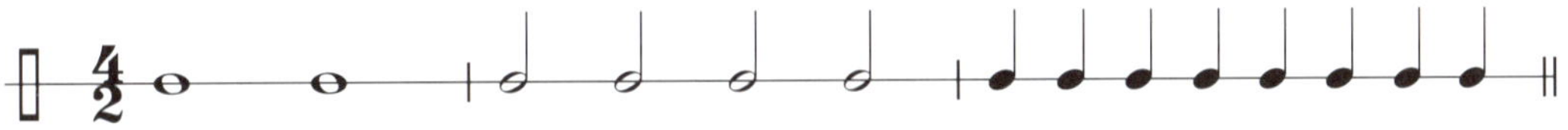

Den Sechsertakt kennen wir bereits als 6/8-Takt, also mit dem Grundschlagwert Achtel.
Mit dem Viertel als Grundschlag ergibt sich der **6/4-Takt.** Wir zählen Viertel: **1**–2–3–**4**–5–6 | **1** …
Die sechs Viertel sind in *zwei* Dreiergruppen zusammengefasst:

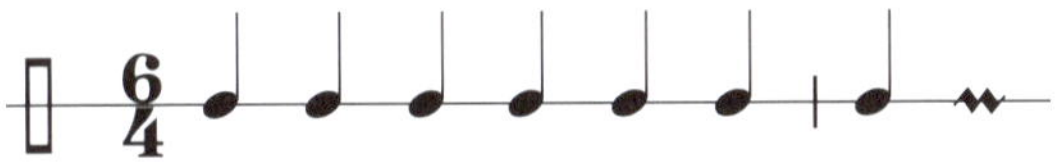

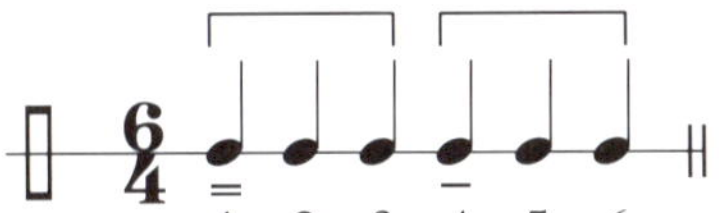

▶ Taktiere den 6/4-Takt wie einen 6/8-Takt.

135 Unterstreiche die betonten Noten. Klopfe den Rhythmus, markiere den Grundschlag. Singe, spiele, taktiere.

Vom Himmel hoch, o Englein, kommt

Zusatzaufgaben: 1) Notiere die Melodie transponiert im 6/8-Takt (halbiere die Notenwerte), beginne mit dem Ton H im Bassschlüssel.
2) Denke dir die Melodie mit Fis-Dur-Vorzeichnung und lies die Notennamen laut.

Erkenne das abweichende Metrum, die unterschiedlichen Betonungen bzw. Gruppierungen der sechs Viertelnoten im 3/2- bzw. 6/4-Takt. Vergleiche:

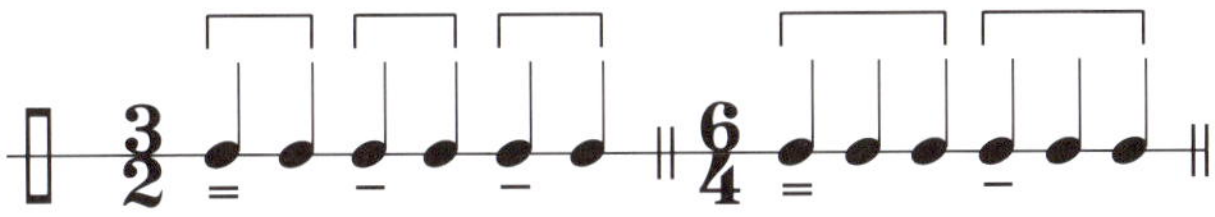

136 Bestimme die Taktart. Singe auf Notennamen und spiele.

A Long Time (Shanty aus England)

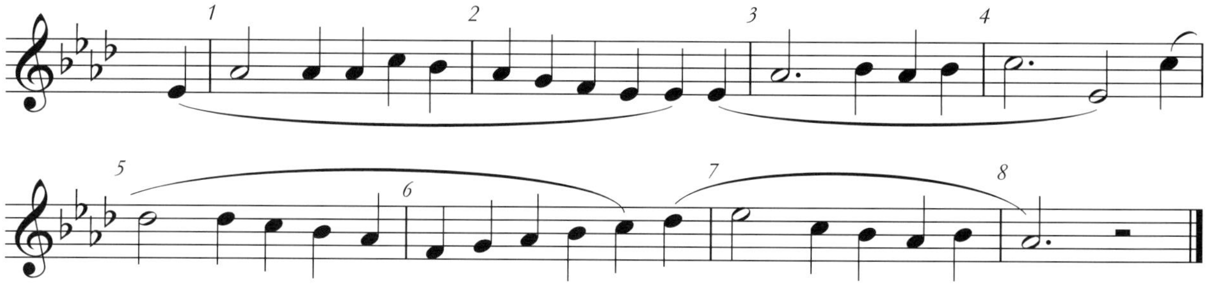

Aus einer Intrade (Melchior Franck)

Zusatzaufgaben: Versuche ohne schriftliche Vorbereitung den Shanty in A-Dur und die Intrade in Es-Dur auf Notennamen zu singen.

137 Singe vom Blatt.
Zur Vorbereitung: Beachte das Metrum, die Betonungen im 6/4-Takt, und die wiederkehrenden Auftakte. Erkenne die Phrasierung. Übe vorab den Rhythmus in Takt 14.

Tune for the Parrot / Papageien-Stück (aus einer englischen Notensammlung, 1717)

Zusatzaufgaben: 1) Singe die Melodie transponiert (möglichst ohne schriftliche Vorbereitung) auf Notennamen eine große Sekunde höher, danach eine große Sekunde tiefer.
2) Erarbeite die Melodie mit Phrasierung, Artikulation und Dynamik und spiele sie auf deinem Instrument.

138 **CD** Track 42: Korrekturdiktat. Erkenne Abweichungen in der Melodie aus Aufgabe 137.

Noch einiges zu den Notenwerten

Über die Notenwerte haben wir schon im ersten Heft (ab Seite 18) gesprochen, dennoch gibt es einige Ergänzungen, die wir erwähnen wollen, ohne das Besprochene intensiver zu üben.

Vielen von euch ist vermutlich beim Musizieren aufgefallen, dass gelegentlich noch kleinere Notenwerte als Sechzehntel in den Notenausgaben erscheinen. Diese Notenwerte haben drei, selten vier, in Ausnahmefällen sogar fünf oder mehr Fähnchen bzw. Balken. Erinnern wir uns: Die Notenwerte stellen ein Verhältnis von Zeitdauern dar. Der Zeitdauer einer Ganzen entsprechen 2 Halbe bzw. 4 Viertel, 8 Achtel oder 16 Sechzehntel, also 1:2:4:8:16. Unterteilen wir noch weiter, so folgen das **Zweiunddreißigstel,** dann das **Vierundsechzigstel,** eventuell noch das **Einhundertachtundzwanzigstel;** übersichtlicher in Zahlen 1:2:4:8:16:**32:64:128.**

Also: Wie viele Zweiunddreißigstel entsprechen der Zeitdauer einer Achtel? Acht.
Wie viele Vierundsechzigstel entsprechen der Zeitdauer einer Achtel? Sechzehn ...

Übersicht der kürzeren Noten und Pausenzeichen
Anzahl der Fähnchen bzw. Balkenstriche:
1 Fähnchen = Achtel
2 Fähnchen = Sechzehntel
3 Fähnchen = Zweiunddreißigstel
4 Fähnchen = Vierundsechzigstel
5 Fähnchen = Einhundertachtundzwanzigstel

8tel 16tel 32stel 64stel 128stel

So viele Fähnchen und Balken mögen etwas unübersichtlich erscheinen; tatsächlich aber ist das Ausführen solch kleiner Notenwerte nicht sehr kompliziert. Auch sie entsprechen den immer wieder geübten Grundfiguren, nur eben in kleineren Notenwerten. Und die folgenden Tipps helfen uns beim Erarbeiten.

Betrachten wir zunächst ein Beispiel mit unterschiedlichen Zweiunddreißigstel-Figuren; es sind (für unser methodisches Anliegen kombinierte) melodisch-rhythmische Bausteine aus einer Klaviersonate (KV 330) von Wolfgang Amadeus Mozart.

Wichtig ist ein *richtiger Untersatz* im Notenbild (Notenwerte auf gleichen Zählzeiten müssen genau untereinander stehen) und die exakte, dem Metrum entsprechende Zuordnung der Noten unter die Balken, hier in Vierergruppen. In unserem Beispiel erleichtert die Sechzehntel-Begleitung in der Unterstimme (Verbalkung!) das Erkennen der rhythmischen Aufteilung (Takte 1–5). Dennoch ist es ratsam, sich am Anfang die Zählzeiten unter den Noten zu markieren. Dabei wird es kaum ausreichen, sich auf die Zählzeiten 1 und 2 des 2/4-Taktes zu beschränken. Zähle also anstelle der Viertel die Achtel oder anfangs sogar die Sechzehntel. Es genügt, wenn du die Grundschläge mit langen Strichen, die weiteren Unterteilungen mit kürzeren Strichen kennzeichnest – natürlich immer mit Bleistift! Beginne langsam; wähle stets das Tempo so, dass auch die kleinsten Notenwerte gut sing- bzw. spielbar sind. Gibt es dennoch Probleme in der Umsetzung des Notenbildes, so hilft das immer wieder geübte Umnotieren in größere Notenwerte.

139 Versuche den Rhythmus der Melodie in der oberen Zeile zu klopfen oder auf Silben zu sprechen. Markiere mit der anderen Hand den gleichmäßigen Grundschlag – erst als Sechzehntel, dann als Achtel, schließlich als Viertel.

140 Notiere den Melodierhythmus des *Allegretto moderato* im 4/4-Takt, verdopple die Notenwerte.

Ein weitaus komplizierteres Beispiel bieten die zwei Anfangstakte der *Air* aus der Suite Nr. 3 d-Moll (HWV 428) von Georg Friedrich Händel. Wer Lust und etwas Zeit hat, versuche den Rhythmus der Melodiestimme (ohne die Verzierungen Mordent und Triller) zu erfassen.

Von diesen kleinen Notenwerten nun noch zu den „halslosen Schwergewichten“. In seltenen Fällen, z.B. im 4/2-Takt, reicht eine Ganze nicht aus, um den gesamten Takt zu füllen (Beispiel a). Dafür gibt es die so genannte **Doppel-Ganze** (Beispiel b) mit der entsprechenden Pause (Beispiel c).

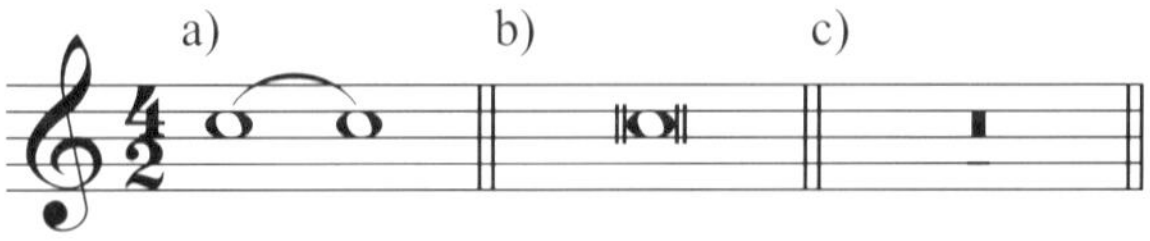

Die doppelte Versetzung

Bisher haben wir – falls notwendig – die Stammtöne mit den Versetzungszeichen Kreuz und Be versehen. In einigen seltenen Fällen reicht diese einfache Versetzung um einen Halbtonschritt nicht aus, man braucht die **doppelte Versetzung** um einen Ganzton.

Das **Doppelkreuz** versetzt um einen Ganzton nach oben, dem Stammtonnamen wird die Silbe *-isis* angefügt, z.B. c – cis – *cisis,* d – dis – *disis* usw.

Die Stammtöne mit Doppelkreuz:

Das **Doppel-Be** versetzt um einen Ganzton nach unten, dem Stammtonnamen wird die Silbe *-eses* angefügt, z.B. c – ces – *ceses,* d – des – *deses* usw.

Die Stammtöne mit Doppel-Be:

▶ Beachte: h – *b* – *heses.*

Nebenstehend der Stammton g mit einfacher und doppelter Versetzung im Noten- und Tastenbild.

Dazu die enharmonischen Umdeutungen: geses–f, ges–fis, gis–as, gisis–a

Achtung! Im Notenbild sind diese Umdeutungen aber nur selten möglich, weil sie z. B. zu anderen, im musikalischen Zusammenhang falschen Intervallen oder Akkorden führen können.

Die doppelte Versetzung hat den gleichen Geltungsbereich wie die einfache Versetzung (siehe Heft 1 Seite 75) und wird durch ein Auflösungszeichen aufgehoben.

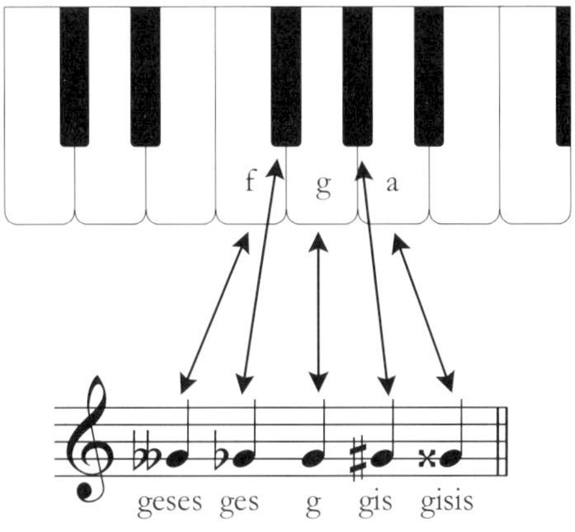

Die Molltonleitern bis zu sechs Vorzeichen

Wie bei den Durtonleitern gibt es auch bei den Molltonleitern bis zu sechs (und mehr) Vorzeichen. Dur- und Molltonleitern mit gleicher Vorzeichnung nennt man, wie bereits bekannt, **Paralleltonleitern;** der Abstand der Grundtöne beträgt eine kleine Terz. Wir können also die Mollvorzeichnung von Dur ableiten, vorausgesetzt ist das Wissen um die Durtonleitern und der sichere Umgang mit der Kleinterz.
Zum Beispiel:

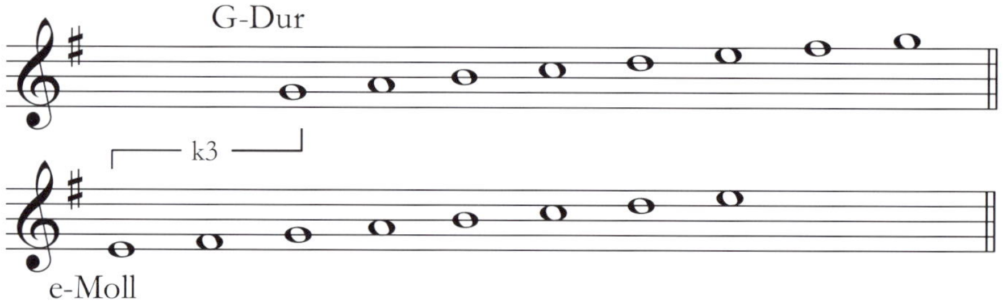

Haben Dur- und Molltonleiter den gleichen Grundton, so spricht man von **gleichnamiger** oder **Varianttonart.**

Unterscheide also:
- *Paralleltonarten* = gleiche Vorzeichnung (z. B. F-Dur, d-Moll),
- *Varianttonarten* = gleicher Grundton (z. B. F-Dur, f-Moll).

141 Bilde die Parallel- und die Varianttonart und nenne die Vorzeichnung.

1) zu A-Dur
2) zu h-Moll
3) zu g-Moll
4) E-Dur
5) c-Moll
6) D-Dur

Die drei Formen der Molltonleiter (das erste Tetrachord bleibt unverändert):

1. Tetrachord:

2. Tetrachord:

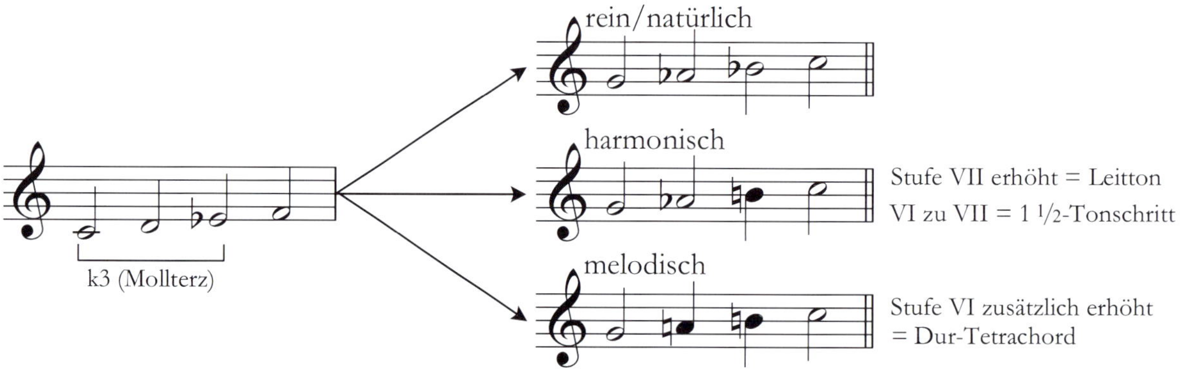

142 Singe von verschiedenen Grundtönen aus auf- und abwärts:

1) die reine Molltonleiter (vergleiche CD 2 Track 30),
2) die harmonische Molltonleiter (vergleiche CD 2 Track 59),
3) die melodische Molltonleiter (singe abwärts reines Moll, später auch melodisches Moll; vergleiche CD 2 Track 61).

143 Spiele die drei Formen der Molltonleitern bis zu drei Vorzeichen (Ton für Ton voraushörend) auf- und abwärts auf deinem Instrument, möglichst über zwei Oktaven. Singe sie auf Notennamen.

144 Lege die CD 2 ein und bearbeite die Aufgaben zu den Tracks 31, 60 und 62.

Bisher haben wir uns mit den Molltonleitern bis zu drei Vorzeichen beschäftigt, nun folgt die Weiterführung bis zu sechs Vorzeichen.

Die Veränderungen der Tonstufen im zweiten Tetrachord in den verschiedenen Formen werden unmittelbar vor der betreffenden Note durch Versetzungszeichen angegeben. Die Vorzeichnung bleibt unverändert.

▶ Achtung! Bei einigen Leitern ist im Notenbild eine doppelte Versetzung erforderlich.

145 Notiere die parallelen Molltonleitern (rein, harmonisch, melodisch) zu E- und As-Dur, H- und Des-Dur, Fis- und Ges-Dur im Violin- und Bassschlüssel. Singe auf Notennamen.

146 Übe alle Molltonleitern rhythmisiert (siehe Seiten 17/18). Finde dazu eigene Aufgaben.

147 Lerne nochmals das *Märzlied* und *Wär ich ein wilder Falke* (Heft 1 Seite 93) auswendig. Singe beide Lieder auf Notennamen in möglichst vielen Dur- und den verschiedenen Formen der Molltonleitern.
Spiele die Varianten auch auf deinem Instrument.

148 Erkenne die Tonleitern. Singe sie in deiner Stimmlage auf Notennamen auf- und abwärts. Benenne die Paralleltonleitern.

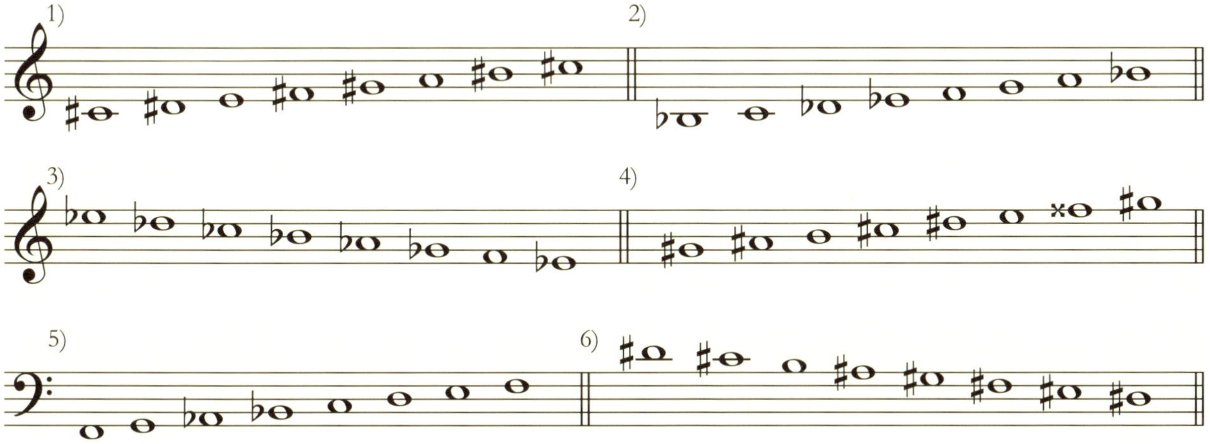

149 In welchen Molltonleitern finden wir diese Tetrachorde?

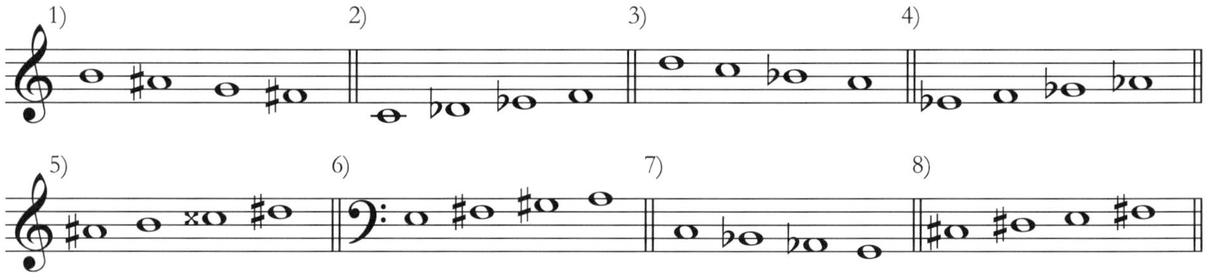

150 Lies den Namen jeder Note laut. Singe in deiner Stimmlage auf Notennamen. Spiele.

Weihnachtslied aus Finnland

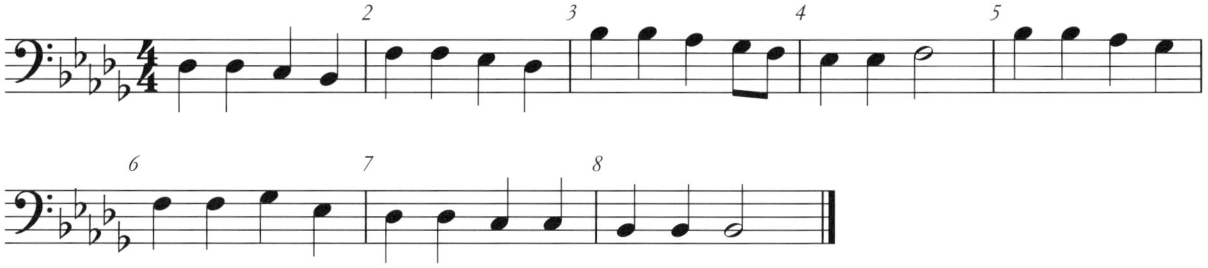

Petruschka (aus der Ukraine)

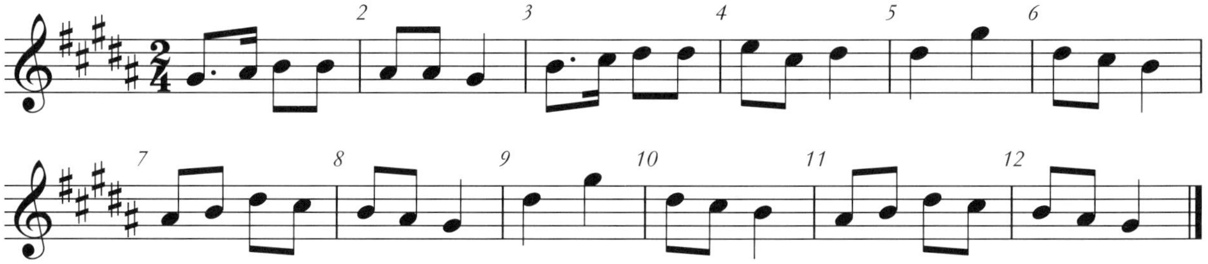

Zusatzaufgaben: 1) Transponiere Lied 1 (oktaviert im Violinschlüssel) schriftlich nach h-Moll und nach a-Moll.
2) Transponiere Lied 2 (oktaviert im Bassschlüssel) schriftlich nach g-Moll und nach f-Moll.
3) Bestimme die Form der beiden Lieder.

151 Lies den Namen jeder Note laut. Singe dann das Lied auf Notennamen. Spiele.

Autumn Comes (aus England)

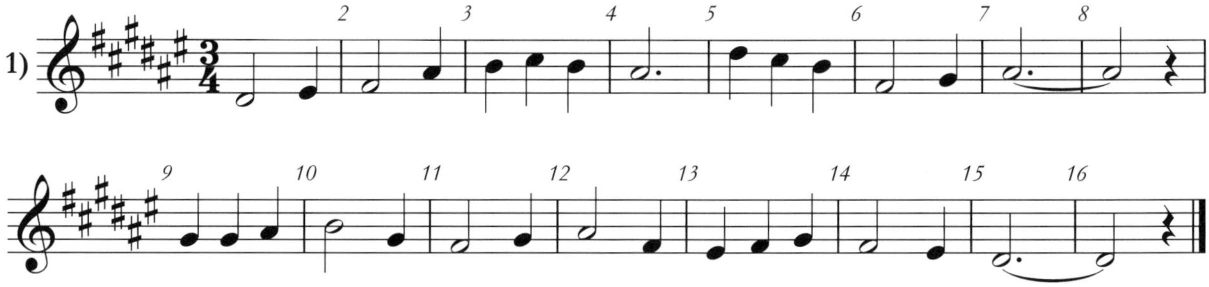

2)

152 Notiere die Volte aus Aufgabe 133 in der Paralleltonart und die Melodie *Vom Himmel hoch, o Englein, kommt* (Aufgabe 135) in der Varianttonart (harmonisch). Singe auf Notennamen.

Übungen im Moll-Oktavraum

Lies die auf Seite 16 gegebenen Hinweise zur Vorbereitung auf das Blattsingen nochmals durch und nutze sie für die folgenden Übungen.

Beim Singen in *reinem (natürlichem) Moll* gilt unsere Aufmerksamkeit neben der Mollterz besonders dem fehlenden Leitton (z. B. in den Takten 5 und 7 der folgenden Übung).

153 Erarbeite die Melodie mit dem inneren Gehör, dann singe sie.

Zusatzaufgaben: 1) Singe das Beispiel auch in harmonischem und melodischem Moll.
2) Singe ohne schriftliche Vorbereitung auf Notennamen in d- und h-Moll.
3) Transponiere schriftlich nach f- und gis-Moll.

In Melodien im *harmonischen Moll* (Aufgabe 154) wird der für uns ungewohnte Eineinhalb-Tonschritt meist vermieden. Die Melodie führt aufwärts nur bis zur VI. Stufe (vergleiche Takte 2/3, 5 und 7), der (künstliche) Leitton führt zum Grundton (Takte 4 und 8/9).

154 Erarbeite die Melodie mit dem inneren Gehör, singe sie danach.

Zusatzaufgaben: 1) Singe das Beispiel auch in reinem Moll.
2) Singe ohne schriftliche Vorbereitung auf Notennamen in a- und e-Moll.
3) Transponiere schriftlich nach b- und cis-Moll.

In Melodien im *melodischen Moll* erscheinen die erhöhten Stufen VI und VII stets in Aufwärtsbewegung (vergleiche Takte 2 und 4). Die Erhöhungen entfallen abwärts (Takt 7) oder wenn die VI. Stufe zur Quinte zurückführt (Takte 5/6). In vielen Kompositionen bleiben aber, meist aus harmonischen Gründen, die Erhöhungen auch in der Abwärtsbewegung bestehen.

155 Erarbeite die Melodie mit dem inneren Gehör, dann singe – Takt 7 auch mit h und a.

Zusatzaufgaben: 1) Singe das Beispiel auch in reinem Moll.
2) Singe ohne schriftliche Vorbereitung auf Notennamen in d- und b-Moll.
2) Transponiere schriftlich nach fis- und es-Moll.

156 Markiere die Phrasen. Erarbeite die Melodie mit dem inneren Gehör, dann singe sie.

Gott geb euch Frieden (aus England)

Zusatzaufgaben: 1) Lerne das Lied auswendig und notiere es aus dem Gedächtnis in c-Moll. 2) Singe die Melodie ohne schriftliche Vorbereitung in der Varianttonart D-Dur.

157 Singe die Melodie in allen drei Mollformen vom Blatt.

Nach einem ungarischen Lied

158 **CD** Track 43: Korrekturdiktat. Benenne die in den beiden Lied-Varianten abweichenden Töne.

Nach einer Melodie aus Norwegen

159 Führe die Motive im Oktavraum weiter, finde eine entsprechende Form.

1) 

2) 

3) 

160 **CD** Tracks 44/45: Melodiediktate
Notiere vier Melodiebeispiele. Reihenfolge: hören – nachsingen und einprägen – aus dem Gedächtnis aufschreiben. Wenn das Erkennen für dich noch zu schwierig ist, solltest du zunächst Zweitaktgruppen erarbeiten.

Der Molldreiklang mit Umkehrungen in allen Tonarten

Nun wollen wir uns wieder dem **Molldreiklang mit seinen Umkehrungen** zuwenden, auch als Vorbereitung auf das Thema *Kadenzen in Moll.* Alles was ab Seite 23 zum Durdreiklang gesagt wurde, gilt auch für den Molldreiklang. Es muss nur die veränderte Terzstruktur – *Mollterz* (k3) anstelle der *Durterz* (g3) – beachtet werden. Wiederhole die entsprechenden Übungen in Heft 2 ab Seite 93.

Grundstellung (Gst.): Sextakkord (6): Quartsextakkord (4-6):

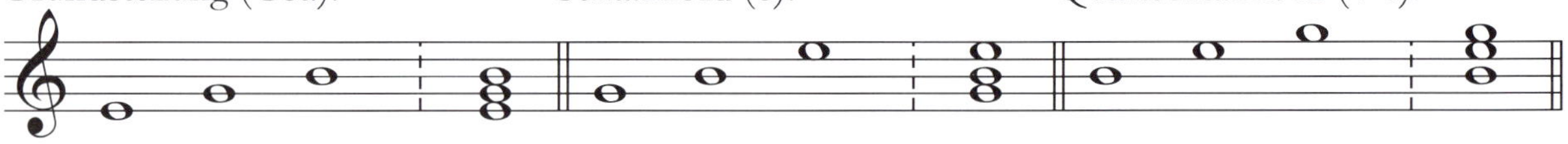

161 Singe den Molldreiklang in Grundstellung von verschiedenen Tönen aus auf- und abwärts, dann den Sextakkord, dann den Quartsextakkord – übe mit Hilfe der Tracks 51, 80 und 82 auf der CD 2.

162 Bestimme Lage und Grundton der Molldreiklänge. Singe auf- und abwärts, jeden Ton voraushörend.

1) 2) 3) 4) 5) 6) 7) 8)

163 Bilde Molldreiklänge in den geforderten Lagen. Singe.

1) 2) 3) 4) 5) 6) 7) 8)

4-6 6 Gst. 4-6 4-6 6 4-6 6

Merke dir den Intervallaufbau der Umkehrungen des Molldreiklangs (vergleiche mit Dur).
- *Sextakkord:* große Terz – reine Quarte (in Dur: k3 – r4),
- *Quartsextakkord:* reine Quarte – kleine Terz (in Dur: r4 – g3).

164 **CD** Track 46: Singe auf Notennamen die drei Stellungen des Molldreiklangs über dem Ton c (höre und singe vorab die gleiche Übung zum Durdreiklang in Track 19/Aufgabe 59).

165 Bilde den Molldreiklang in Grundstellung, als Sext- und Quartsextakkord über den Tönen d^1, a^1, e^1 und B (lies zur Vorbereitung den Text vor Aufgabe 59). Singe jeden Akkord aufwärts und später abwärts auf Notennamen und präge dir dabei die unterschiedlichen Intervallverhältnisse ein.

Jetzt wollen wir auch den **simultan** gespielten Molldreiklang hören und erkennen. Wiederhole bitte vorher die Tracks 20–24 zum Hören des Durdreiklangs.

166 **CD** Track 47: Singe die simultan gespielten Molldreiklänge in den drei Stellungen nach.

Nun gilt wie bei der Behandlung des Durdreiklangs (siehe Seite 25): Wer das bisher Gelernte schon gut beherrscht, sollte die Akkorde auch von *oben nach unten* bilden, also **mit dem Melodieton beginnen.** Die Intervallstruktur bleibt unverändert, aber die Folge der Intervalle ist nun umgekehrt:

- die Grundstellung abwärts beginnt mit der *großen Terz,* dann schließt sich die *kleine Terz* an,
- der Sextakkord abwärts beginnt mit der *reinen Quarte,* dann schließt sich die *große Terz* an,
- der Quartsextakkord abwärts beginnt mit der *kleinen Terz,* dann schließt sich die *reine Quarte* an.

167 Schreibe die Molldreiklänge in Noten und singe auf Notennamen

1) in Grundstellung unter den Tönen e^1, g^1, h und d,
2) als Sextakkord unter den Tönen d^2, f^1, e und h,
3) als Quartsextakkord unter den Tönen b^1, f^2, c und es.

168 **CD** Track 48: Singe die drei Stellungen des Molldreiklangs *unter* einem Ton (ohne Notennamen), beginne mit dem Melodieton.

169 Notiere die drei Stellungen des Molldreiklangs *unter* dem Ton a^1 (a^1 ist jeweils Melodieton).

Hör- und Singe-Übungen zu Dur- und Molldreiklängen

Die folgenden Aufgaben sollen helfen, dir die Dreiklänge *im inneren Gehör* bewusst zu machen. Das wird bald gelingen, wenn du diese Übungen oft wiederholst und dazu eigene (mit einem Partner) erfindest.

♫ Löse die Aufgaben 170–173 ohne schriftliche Vorbereitung. Überlege den Intervallaufbau, stelle dir das Notenbild vor bzw. nimm gedanklich die Klaviatur oder die Folge der Griffe auf deinem Instrument zu Hilfe. Höre den folgenden Ton bzw. die folgenden Töne voraus.

170 Singe den Sextakkord in Dur und Moll mit Notennamen *über* den Tönen f, a, d und h. Singe dann den Sextakkord *unter* diesen Tönen. Nenne den jeweiligen Grundton.

171 Singe den Quartsextakkord in Dur und Moll mit Notennamen *über* den Tönen h, e, b und fis. Singe dann den Quartsextakkord *unter* diesen Tönen. Nenne den jeweiligen Grundton.

172 Singe auf Notennamen erst Dur-, dann Molldreiklänge in den drei Stellungen *über* den (Bass-)Tönen g und e.

173 Singe auf Notennamen erst Dur-, dann Molldreiklänge in den drei Stellungen *unter* den (Melodie-)Tönen g und e.

174 **CD** Track 49: Notiere die gespielten Dreiklangsumkehrungen *über* den Tönen g^1, d^1, e und H.

175 **CD** Track 50: Notiere die gespielten Dreiklangsumkehrungen *unter* den Tönen b^1, d^2, h und f.

Der Quintenzirkel

Ein beliebtes Hilfsmittel im Musikunterricht ist der **Quintenzirkel** (siehe Heft 2 Seite 58). Er verdeutlicht bildlich die Beziehungen der Tonleitern und der Kadenzklänge zueinander.

Der Quintenzirkel hat zwei Voraussetzungen:
- Die Grundtöne der Tonleitern stehen im Quintverhältnis.
- Fis- und Ges-Dur werden *enharmonisch* umgedeutet (siehe Heft 2 Seite 57).

Von C-Dur ausgehend gelangt man im Uhrzeigersinn in die **Kreuztonarten** bis zu sechs Vorzeichen. Entgegen dem Uhrzeigersinn kommt man zu den **Be-Tonarten.**
Die parallelen Molltonarten lassen sich problemlos einbeziehen.

Die Grundtöne der **Hauptdreiklänge der einfachen Kadenz** sind ebenfalls gut ablesbar: Von der Tonika ein Quintschritt im Uhrzeigersinn führt zur Dominante, von der Tonika ein Quintschritt entgegen dem Uhrzeigersinn führt zur Subdominante.

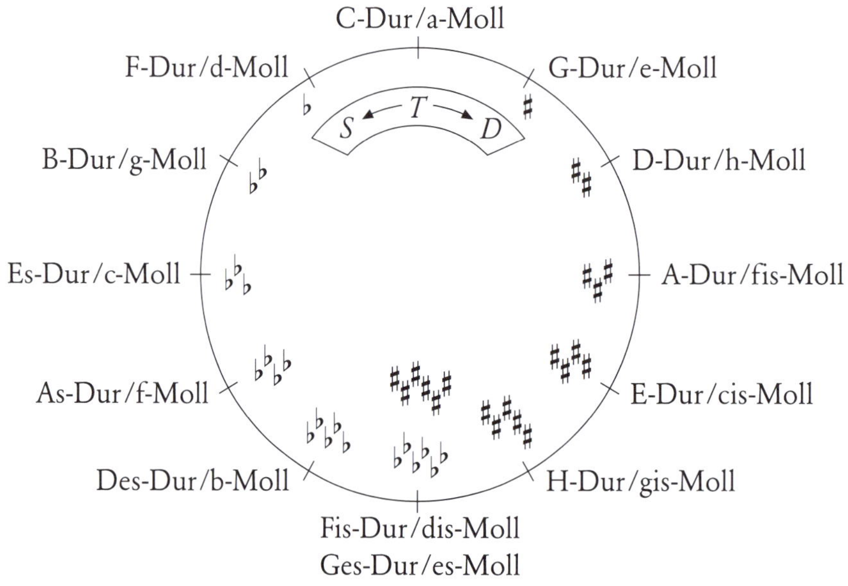

Nur zur Information: Die hier nicht abgedruckte **Quintenspirale** umgeht das Schließen des Kreises bei den Tonarten mit sechs Vorzeichen (Enharmonik), das Weiterführen ist in beiden Richtungen möglich.
- Nach Fis-Dur folgen Cis-Dur (7 Kreuze), Gis-Dur (8 Kreuze) …
- Nach Ges-Dur folgen Ces-Dur (7 Be), Fes-Dur (8 Be) …

… bitte nicht weiterführen und auswendig lernen, denn Tonarten mit mehr als sechs Vorzeichen sind im praktischen Musizieren kaum von Bedeutung.

Die Kadenz in reinem Moll

Die Kadenz als Modell der miteinander verbundenen Hauptdreiklänge spiegelt die tonalen, harmonischen Zusammenhänge der Durtonleiter wider – das haben wir bereits gelernt (siehe ab Seite 33). Nun betrachten wir die auf den Stufen **I, IV** und **V** stehenden leitereigenen Dreiklänge der reinen Molltonleiter.
Das Ergebnis: Es handelt sich um **Molldreiklänge.**

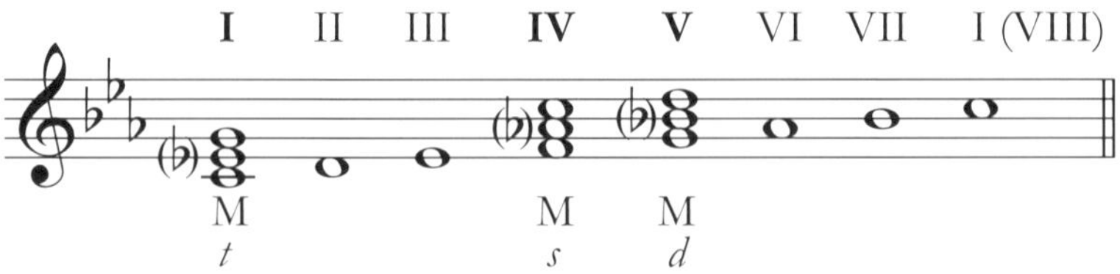

Die Bezeichnungen *Tonika* (I. Stufe), *Subdominante* (IV. Stufe) und *Dominante* (V. Stufe) werden beibehalten. Zur Unterscheidung von Dur erfolgt jedoch die Kennzeichnung als **Funktionszeichen** mit **Kleinbuchstaben.**

Jetzt fügen wir diese Molldreiklänge nach dem Prinzip der Durkadenz zusammen. Alle bereits gelernten Regeln der Stimmführung bleiben unverändert – einzige Ausnahme: Die *Durterz* wird durch die *Mollterz* ersetzt.

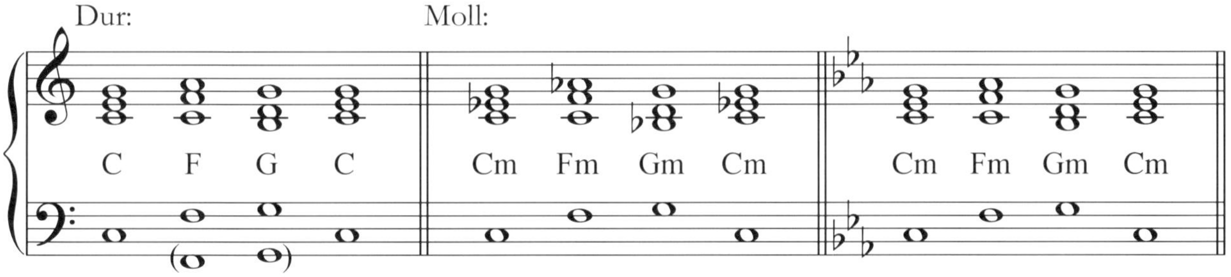

Im vierstimmigen Satz verläuft also die Stimmführung wie in Dur nach dem Gesetz des kürzesten Weges.
Es gibt nur eine Änderung: Durch die *Moll*dominante entfällt der Leitton.

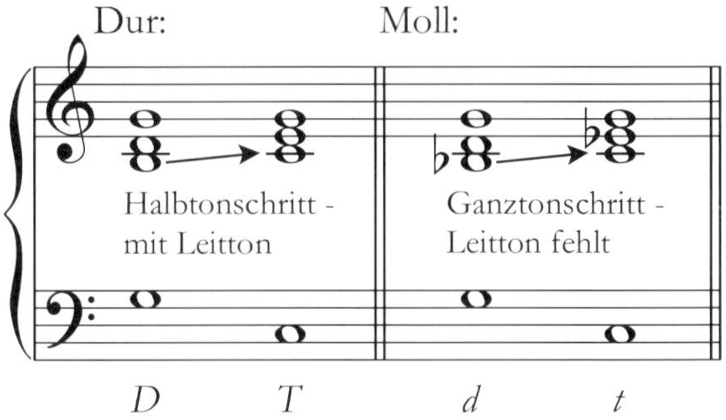

Ordnet man die Töne der Mollklänge zu einer Leiter, so entsteht eine reine Molltonleiter.
Wie in Dur sind auch in Moll alle Töne der Hauptdreiklänge Bestandteil der Tonleiter:

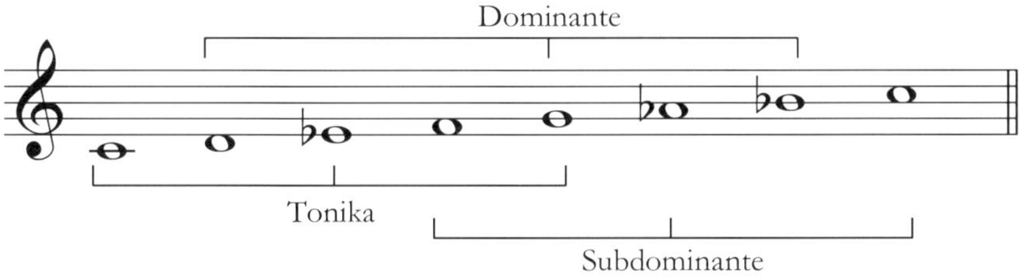

Die Lagen der Kadenz in reinem Moll:

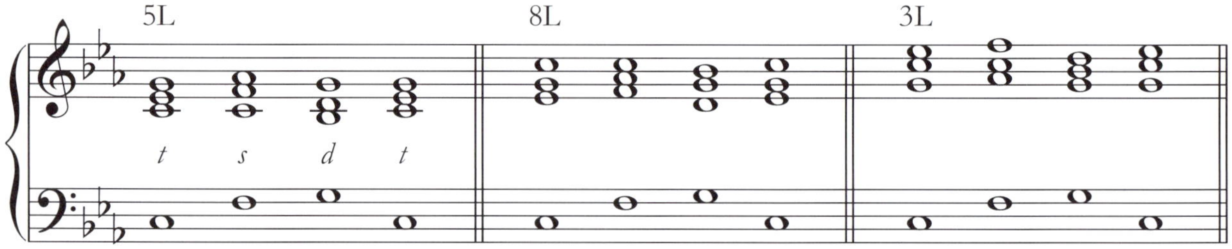

176 **CD** Track 51: Höre dir das Klangbeispiel zur Kadenz in reinem Moll mehrfach an und singe die einzelnen Stimmen mit (vergleiche Aufgabe 86).
Höre zum Vergleich die Kadenz in Dur an. Was fällt dir auf, speziell im Verhältnis Dur *D–T* zu Moll *d–t*?

177 Notiere die drei Lagen der Kadenz in reinem a-, d- und h-Moll.

178 Übe (singe und spiele) die Kadenz nach den auf den Seiten 35/36 vorgegebenen Mustern in den Molltonarten bis zu drei Vorzeichen.

179 Ergänze die fehlenden Klänge.

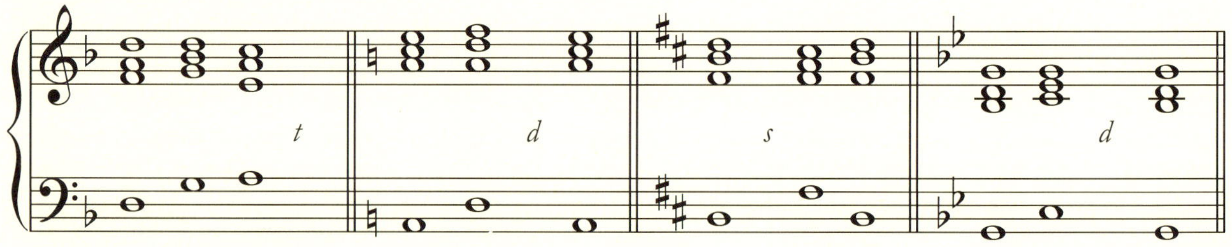

Die Kadenzen in harmonischem und melodischem Moll

Die Möglichkeiten, die Kadenz in reinem Moll zur Begleitung von Liedern und Instrumentalstücken einzusetzen, sind sehr begrenzt. Der Grund dafür ist die Molldominante *ohne Leitton;* die dominantische Spannung und somit das Drängen zur Auflösung in die Tonika fehlt. Deshalb wird der Leitton aus der Durtonleiter übernommen: Die Mollterz (k3) der Molldominante wird damit zur Durterz (g3) – auf der V. Stufe in Moll steht nun ein Durdreiklang, die Durdominante. Grundlage dieser Kadenz ist die harmonische Molltonleiter.

reines Moll: harmonisches Moll:

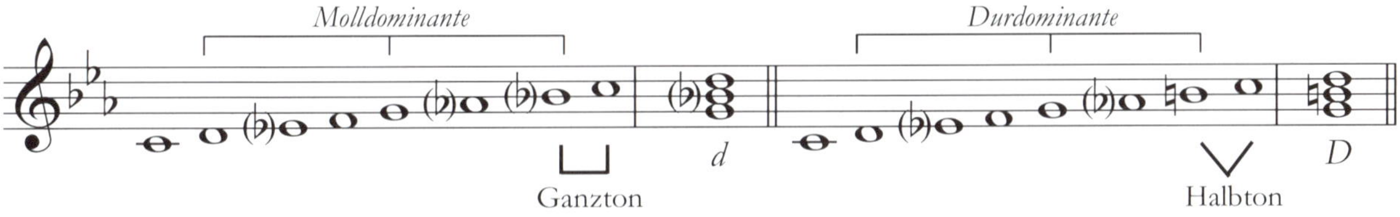

Die leitereigenen Hauptdreiklänge in harmonischem Moll:

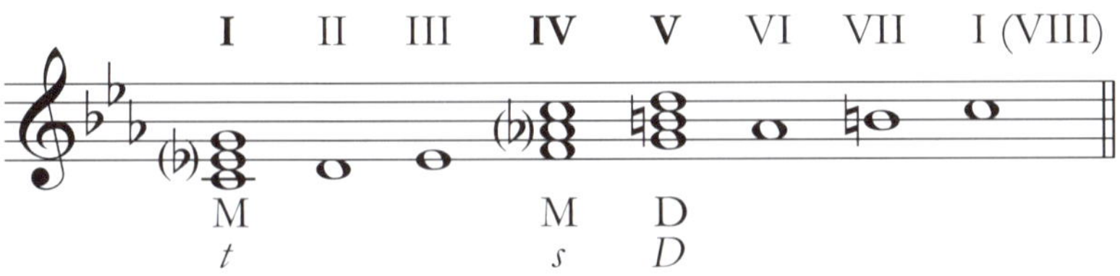

In der Kadenz in harmonischem Moll sind Tonika und Subdominante Mollklänge (Funktionszeichen also die Kleinbuchstaben *t* und *s*), die Dominante ist ein Durklang und hat deshalb als Funktionszeichen einen Großbuchstaben *(D);* Kadenz = *t–s–***D***–t.*

Die **Kadenz** ***t–s–D–t*** in den drei Lagen:

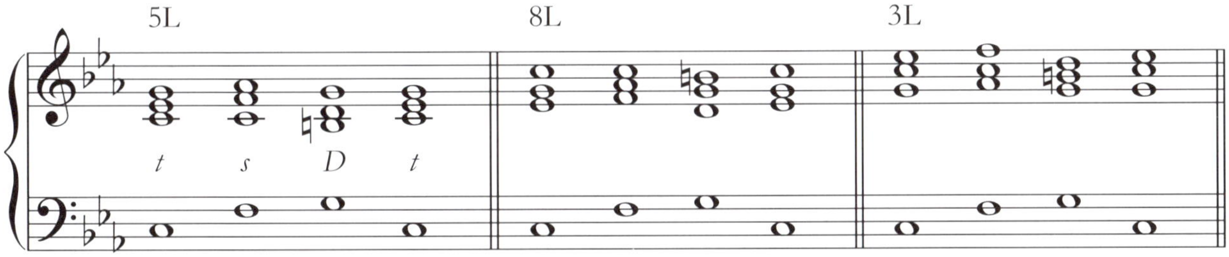

▶ Beachte: Die *Durterz der Dominante* (als Leitton der harmonischen Leiter) fordert ein Versetzungszeichen vor dieser Note; in der c-Moll-Kadenz muss also an dieser Stelle ein Auflösungszeichen stehen (h anstelle von b).

180 **CD** Track 52: Höre dir das Klangbeispiel zur Kadenz in harmonischem Moll mehrfach an und singe die einzelnen Stimmen mit (vergleiche Aufgabe 86).

Die **Kadenzfolge in harmonischem Moll** ist die **Mollkadenz im eigentlichen Sinne,** denn sie bildet die harmonische Grundlage der meisten Melodien in Moll. Nun wird auch klar, warum wir diese Variante der Molltonleiter als *harmonisch* bezeichnen. Erfolgt also die Aufforderung, eine Mollkadenz zu spielen oder zu bilden, so ist in der Regel das beschriebene Modell *t–s–D–t* gemeint.

181 Ergänze die fehlenden Klänge.

182 Notiere die drei Lagen der Kadenz in harmonischem a-, e- und g-Moll.

183 Übe (singe und spiele) die Kadenz, möglichst in allen Tonarten bis zu drei Vorzeichen, nach den auf den Seiten 35/36 vorgegebenen Mustern.

184 Singe und spiele. Trage die Funktionszeichen ein.

Altes französisches Lied / aus dem *Kinderalbum* op. 39 (Pjotr I. Tschaikowsky)

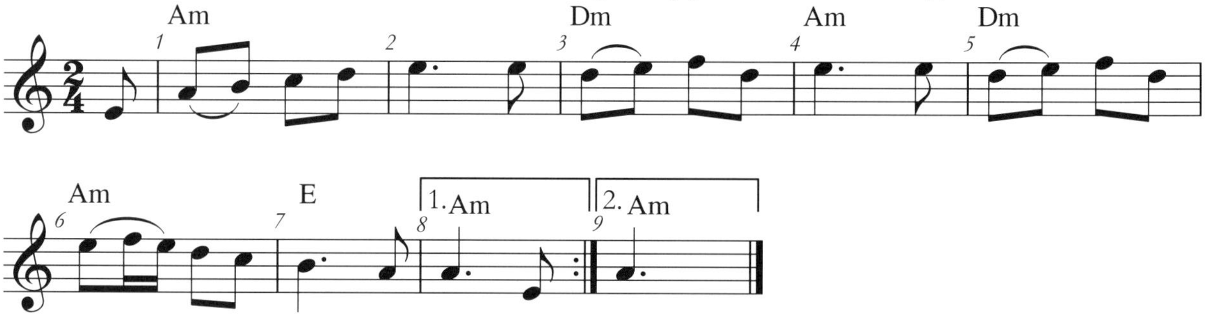

Zusatzaufgabe: Transponiere Melodie und Akkordsymbole nach h-Moll und g-Moll.

185 Singe und spiele. Trage die Akkordsymbole ein.

O Tannenbaum, du trägst ein grünen Zweig

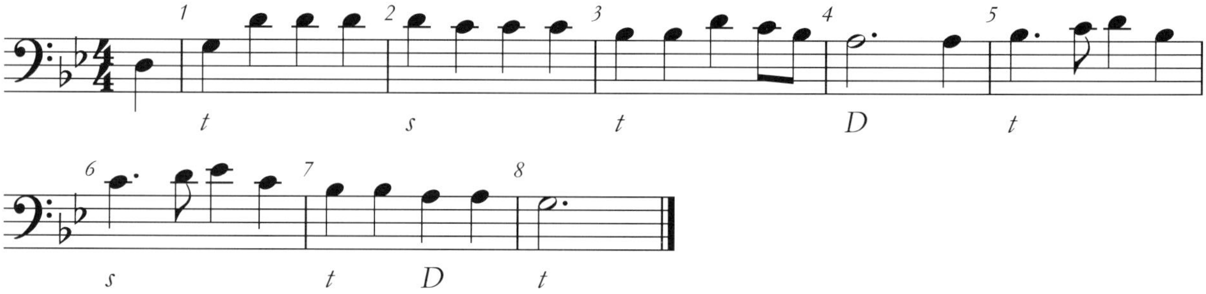

Zusatzaufgabe: Transponiere Melodie und Akkordsymbole nach a-Moll und e-Moll.

186 Bestimme die Kadenzfunktionen im Akkordsatz. Spiele nach Möglichkeit den Satz und singe dazu die Oberstimme.

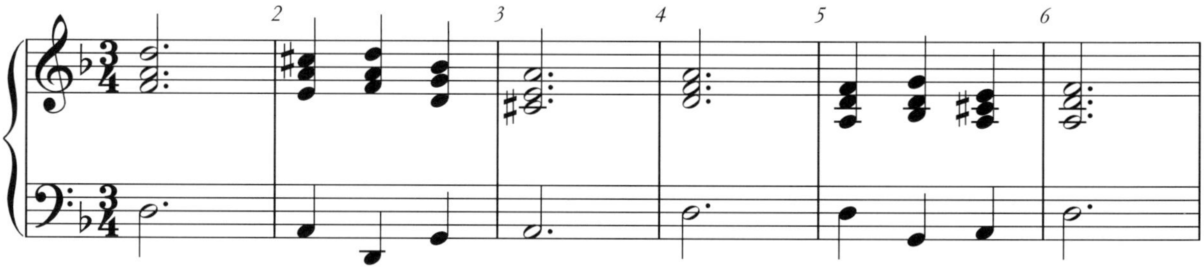

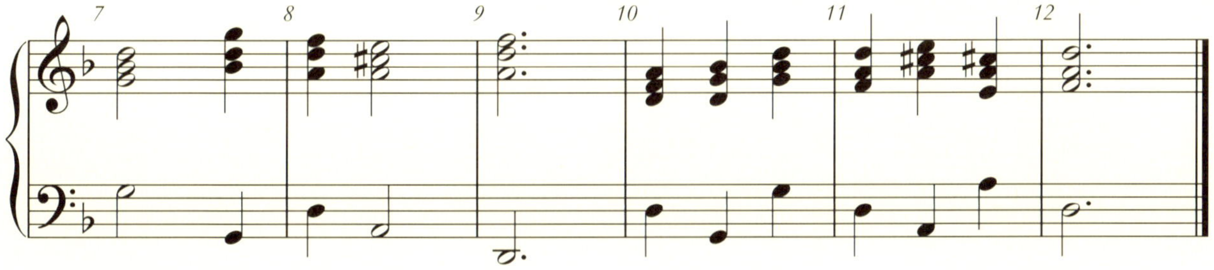

Bei der **Kadenz in melodischem Moll** können wir uns kurz fassen.

Die leitereigenen Dreiklänge:

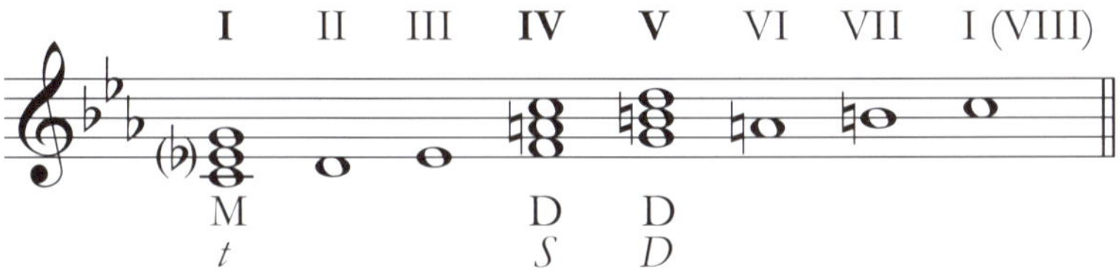

Die Erhöhung der Stufen VI und VII in der melodischen Molltonleiter lassen Subdominante *und* Dominante zu Durklängen werden – nur noch die Tonika ist ein Mollklang.

Die **Kadenz *t–S–D–t*** in den drei Lagen:

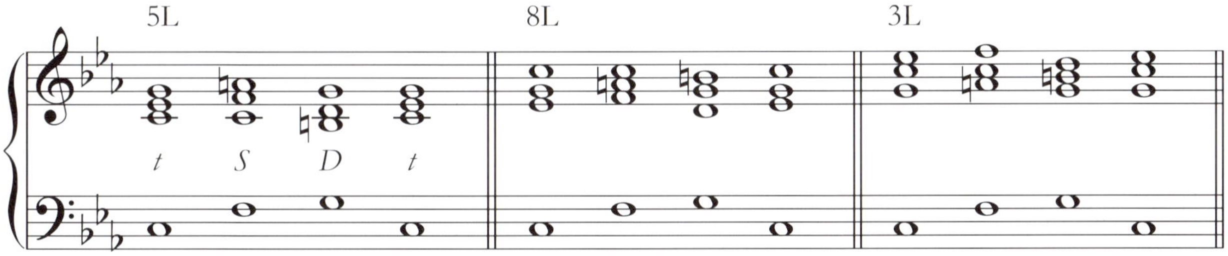

187 **CD** Track 53: Höre dir das Klangbeispiel zur Kadenz in melodischem Moll mehrfach an und singe die einzelnen Stimmen mit (vergleiche Aufgabe 86).

188 Übe (singe und spiele) diese Kadenz nach den auf den Seiten 35/36 vorgegebenen Mustern.

Vergleichen wir das Tongeschlecht (Dur/Moll) der einzelnen Klänge in den besprochenen Kadenzen, so zeigt sich ein interessanter Wandel von Dur zu reinem Moll, der uns beim Einprägen, beim Erkennen im Notenbild, insbesondere aber auch beim Hören helfen kann (die Durklänge sind fett hervorgehoben).

Die Funktionen in den Dur- und Mollkadenzen:

- Dur ***T*** ***S*** ***D*** ***T***
- melodisches Moll *t* ***S*** ***D*** *t*
- harmonisches Moll *t* *s* ***D*** *t*
- reines Moll *t* *s* *d* *t*

Die Kadenzen in Dur und Moll im Überblick

Die folgende Übersicht dient als zusammenfassende Wiederholung und soll zeigen, dass sich in allen Dur- und Mollkadenzen weder die Stimmführung innerhalb der Lagen noch der Bass mit den Grundtönen ändern. Wer also das Strukturprinzip der Durkadenz verstanden hat, kann dies auf alle Mollkadenzen übertragen.

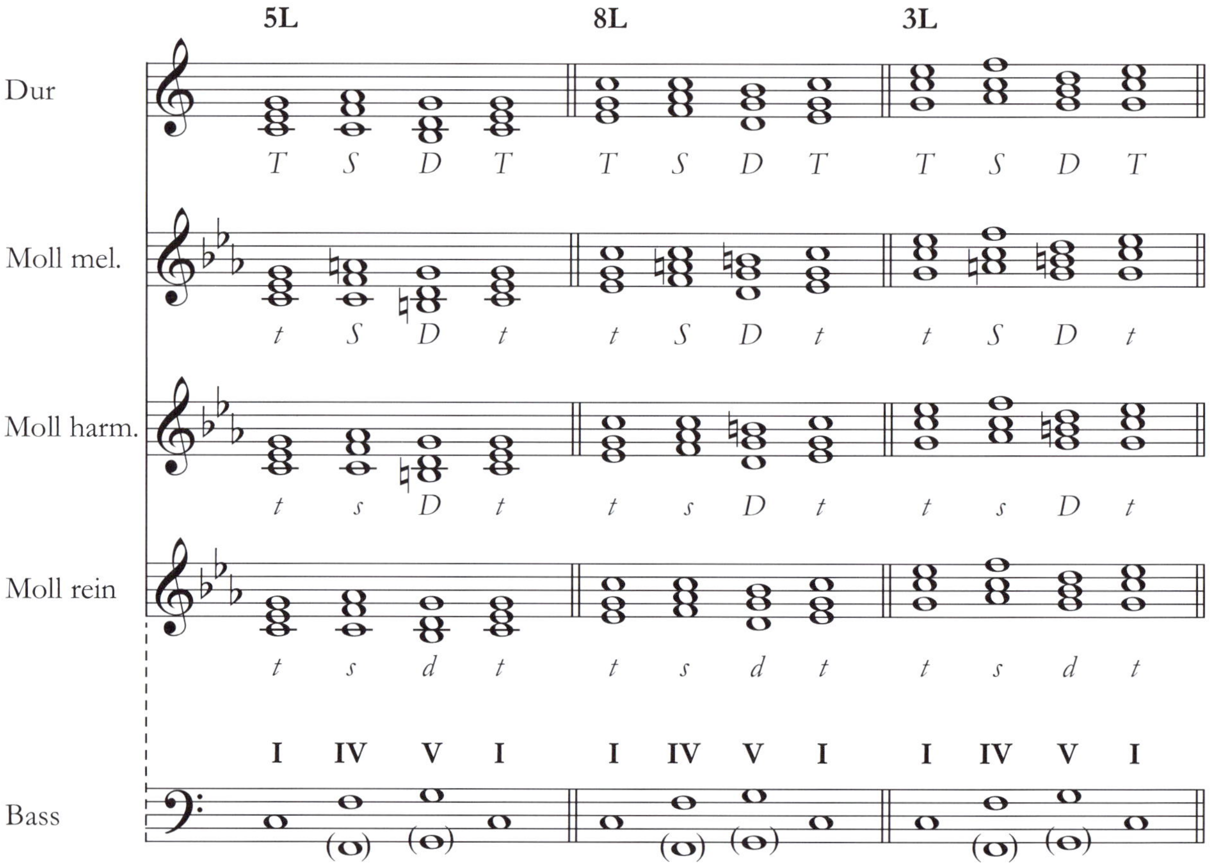

189 Bemühe dich vor allem, die für das Harmonisieren so wichtigen Kadenzen in *Dur* und in *harmonisch Moll* öfters (langsam) auf einem Tasteninstrument zu spielen und dir dabei den Klangcharakter der Akkordverbindungen einzuprägen.

190 Bilde vierstimmige Kadenzen, notiere die Versetzungszeichen vor jeder Note (keine Vorzeichnung). Singe wie geübt auf Notennamen.

1) A-Dur in Oktavlage
2) d-Moll harmonisch in Terzlage
3) fis-Moll rein in Quintlage
4) B-Dur in Terzlage
5) e-Moll melodisch in Oktavlage
6) h-Moll harmonisch in Quintlage
7) Es-Dur in Terzlage
8) g-Moll rein in Oktavlage

191 **CD** Track 54: Höre vier Kadenzen in Oktavlage und bestimme die jeweils zugrunde liegende Dur- bzw. Molltonleiter (rein, harmonisch, melodisch).

Das Bestimmen der Tonart

Für das Musizieren ist die Kenntnis der jeweiligen Tonart notwendig. Dabei geht es nicht nur ums Tönetreffen, um die richtigen Griffe und Fingersätze, sondern auch um das Begleiten, das Zusammenspiel mit Anderen und um das Improvisieren.

Wie erkenne ich nun die Tonart? Liegen die Noten vor, so hilft ein Blick auf die **Vorzeichnung.** Drei Be verweisen z. B. auf Es-Dur, eventuell aber auch auf die Paralleltonart c-Moll. Ein weiterer Blick gilt also dem **Schlusston,** denn meist ist dieser auch der *Grundton.* Beim Anfangston muss man schon genau hinschauen, denn der ist oft Quinte (Auftaktquarte) oder Terz der Tonleiter (vergleiche dazu Heft 2 Seite 25).

Zur weiteren **Bestimmung der Molltonarten** (rein, harmonisch, melodisch) helfen uns in erster Linie die im Notentext stehenden Versetzungszeichen. Fehlen diese, so handelt es sich um reines (natürliches) Moll. Tritt die erhöhte VII. Stufe (Leitton) auf, wird harmonisches Moll vorliegen. Versetzungen der VI. und VII. Stufe deuten auf melodisches Moll. Ganz eindeutig sind diese Hinweise jedoch nicht, weil es selbst bei einfachen Liedern viele Mischformen gibt.

Schwieriger wird es, wenn wir nur auf unsere Ohren angewiesen sind und kein absolutes Gehör haben. Nicht umsonst haben wir immer wieder von Anfang an das so genannte **Grundton-Bewusstsein** aufgebaut und gefördert. Finde durch Mitsingen den Grundton der Melodie. Bestimme dessen exakte Tonhöhe mit (d)einem Instrument.
Auch das notwendige Unterscheiden von Dur und Moll gehört ja seit längerer Zeit zu unserem Übprogramm.

192 Lege CD 2 ein und erarbeite nochmals die Tracks 22/23 (Aufgabe 63 in unserem Heft 2, insbesondere Zusatzaufgabe 1).

193 Lass dir (wenn möglich) von deinem Partner Melodien aus unseren Heften vorspielen oder -singen. Singe mit; entscheide, ob Dur oder Moll; speichere den Grundton im Gedächtnis und suche ihn auf deinem Instrument. Nenne die Tonart.

Weitere Hilfsmittel zum Benennen des Grundtons sind z. B. das elektronische Stimmgerät oder die Stimmgabel. Bei der Stimmgabel, die ja nur einen Ton (meist das a^1) vorgibt, musst du das Intervall *Stimmgabelton/gefundener Grundton* bestimmen – anfangs keine leichte Aufgabe, aber eine gute Übung!

Der Septakkord

Der Dreiklang setzt sich aus zwei Terzen zusammen, das Rahmenintervall ist die Quinte. Kommt zum Dreiklang ein Ton hinzu, so entsteht ein **Vierklang.** Vierklänge können, wie wir noch lernen werden, in recht unterschiedlichen Intervallkombinationen auftreten.

Fügen wir dem Dreiklang eine Terz hinzu, so entsteht ein **Septakkord** (auch *Septimenakkord*) – benannt nach dem **Rahmenintervall Septime.** Ist die Septime groß, so spricht man vom *großen Septakkord,* ist die Septime klein, so spricht man vom *kleinen Septakkord.*

großer Septakkord: kleiner Septakkord:

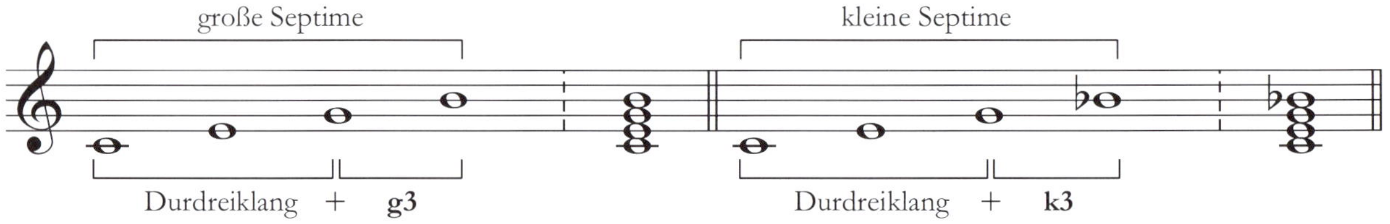

Auch Molldreiklänge können zu Septakkorden erweitert werden. Doch unsere Aufmerksamkeit gilt zunächst dem wichtigsten Vierklang, dem leitereigenen kleinen Septakkord in Dur.

194 Unterscheide kleine und große Terzen, analysiere den Terzaufbau der leitereigenen Vierklänge. Auf welcher Stufe der Durtonleiter steht ein kleiner Dur-Septakkord?

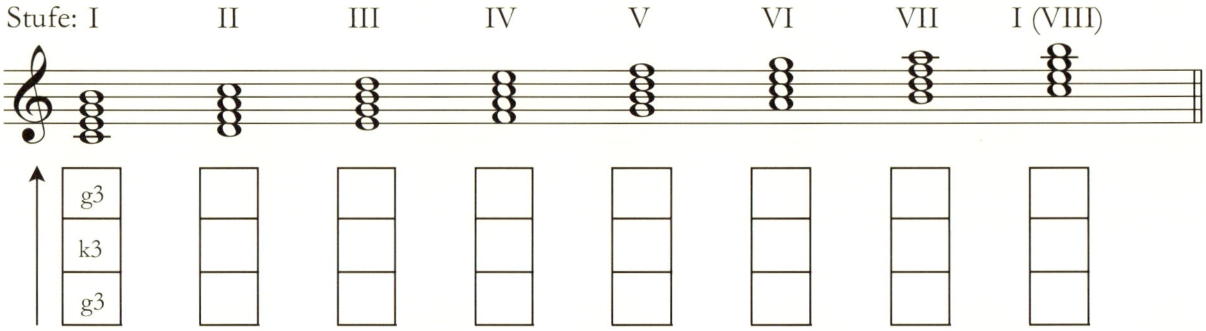

Wir bleiben in C-Dur: Die V. Stufe ist die *Dominante.* Der Dreiklang g–h–d heißt also Dominantdreiklang, der kleine Dur-Septakkord g–h–d–f dementsprechend **Dominantseptakkord.**

195 **CD** Track 55: Singe über dem Ton c den Durdreiklang bis zur Oktave, anschließend den Dominantseptakkord.

Dreiklang: Dominantseptakkord:

Der Dominantseptakkord als Melodiefigur auf- und abwärts:

Drunten im Unterland

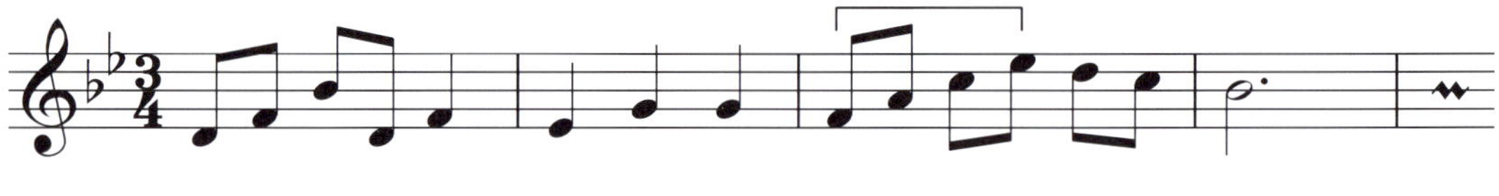

Aus der *Sinfonie mit dem Paukenschlag* (Joseph Haydn)

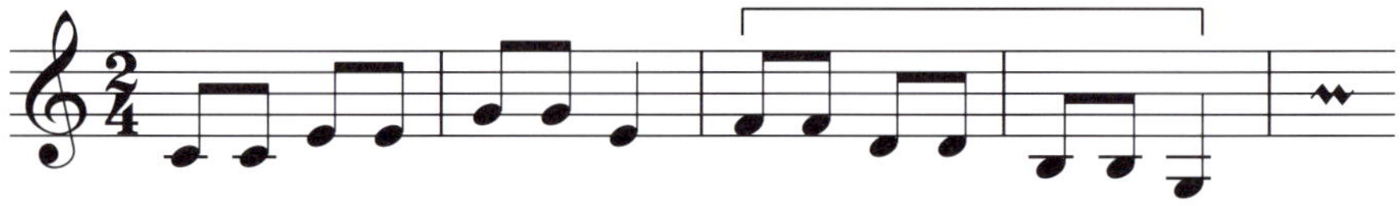

Der Intervallaufbau des Dominantseptakkords:

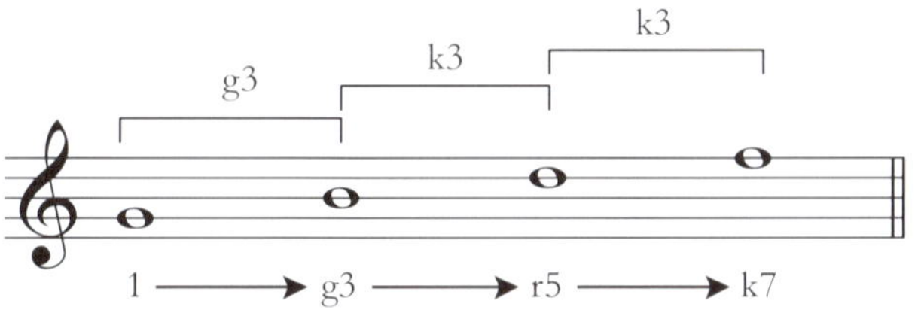

▶ Kleiner Tipp: Präge dir diesen Aufbau als „Durdreiklang + k3" ein.

196 **CD** Track 56: Singe den Dominantseptakkord von verschiedenen Tönen aus auf- und abwärts.

197 Bilde über den folgenden Tönen Dominantseptakkorde. Singe die Klänge auf Notennamen auf- und abwärts.

Im Violinschlüssel:	1) d^1	2) b	3) a^1	4) e^1
im Bassschlüssel:	5) c	6) es	7) G	8) F

198 Korrigiere den Terzaufbau zu einem Dominantseptakkord.

Im Folgenden sollen diese Akkorde ihrer Tonart zugeordnet werden.

▶ Beachte: Der Dominantseptakkord steht auf der **V. Stufe,** der Dominante. Gesucht wird also die I. Stufe, die Tonika.

Frage: Zu welcher Tonart gehört d–fis–a–c?
Lösungsweg: Grundton d ist V. Stufe in …?
Gesucht wird I. Stufe = Quinte abwärts oder Quarte aufwärts, also g.
Antwort: d–fis–a–c ist der Dominantseptakkord in G-Dur, zum Tonikadreiklang g–h–d.

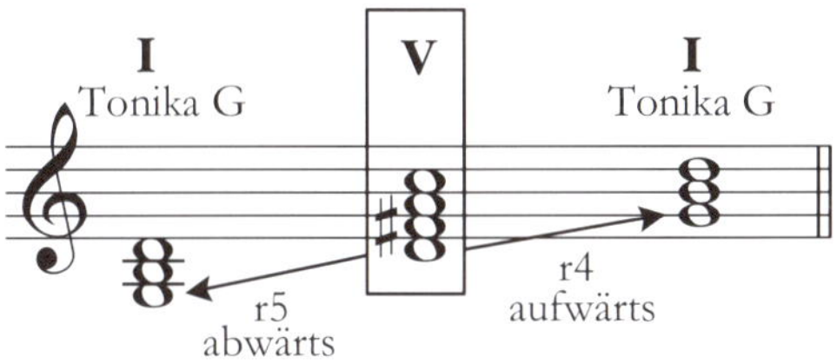

199 Nenne die Tonika zu den Dominantseptakkorden.

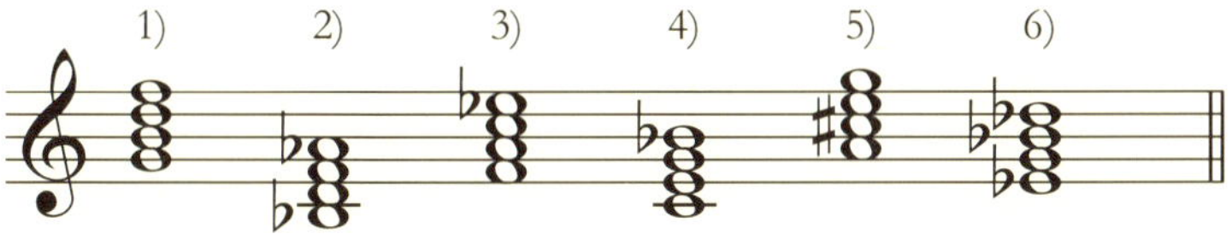

200 **CD** Track 57: Höre Vierklänge und erkenne, bei welchem Klang es sich um einen Dominantseptakkord handelt.

In der Harmonie-Funktionsschrift wird dem *D* (als Zeichen für Dominante) eine hochgestellte 7 angefügt: D^7. Gleiches gilt für die Akkordsymbolschrift.

▶ Merke: Die 7 (ohne weitere Zusätze) an einem Akkordsymbol, Funktionszeichen oder an der Stufenbezeichnung fordert immer die *kleine Septime.*

Unterscheide:
- D^7 als *Funktionszeichen* (z. B. *T* D^7 *T*) = allgemeines Symbol für einen Dominantseptakkord,
- D^7 als *Akkordsymbol* = Akkord d–fis–a–c.

Der Dominantseptakkord enthält zwei wichtige Töne, den *Leitton* und den *Gleitton.* Beide gehören zu den Halbtonschritten der Tonleiter und drängen zur Weiterführung, zur **Auflösung:** der *Leitton* (VII. Stufe) nach oben, der *Gleitton* (IV. Stufe) nach unten.

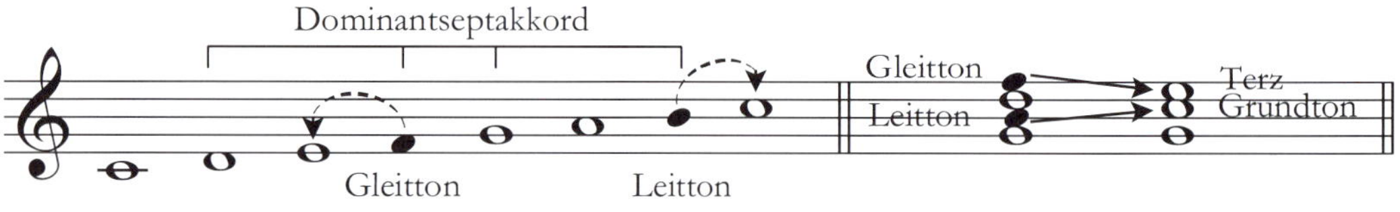

Der Dominantseptakkord verstärkt das Streben der Dominante zur Tonika.
- Der *Leitton* (Terz der Dominante) führt zum Grundton der Tonika.
- Der *Gleitton* (Septime der Dominante) führt zur Terz der Tonika.

Die vollständige Auflösung dieses Vierklangs erfolgt wiederum nach dem Prinzip des nächsten, kürzesten Weges (von unten nach oben in C-Dur):
- Grundton g → Tonika-Quinte g,
- Terz h (Leitton) → Tonika-Grundton,
- Quinte d → verdoppelt Tonika-Grundton (ersichtlich aus der Notenverdopplung),
- Septime f (Gleitton) → Tonika-Terz.

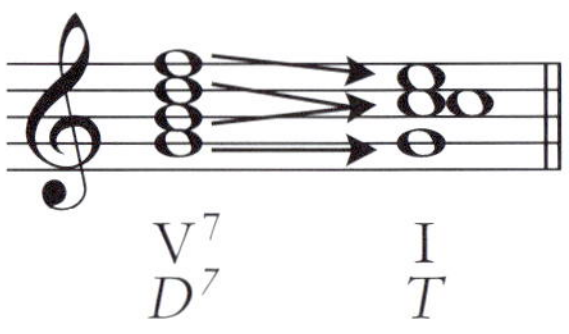

201 **CD** Track 58: Höre die Auflösung des Dominantseptakkords. Singe die beiden ersten Takte mit. Singe diese Figur auch von anderen Tönen aus.

202 Notiere, spiele und singe auf Notennamen den Dominantseptakkord mit Auflösung in F-Dur, D-Dur und G-Dur nach dem Modell in Aufgabe 201.

203 Löse (als Zusammenklang) die Akkorde F^7 und D^7 auf; beachte die Stimmführung.

204 Notiere den D^7 in Es-Dur und löse ihn auf.

Unterschiedliche Tetrachorde

Die achttönigen Dur- und Molltonleitern bestehen aus zwei **Tetrachorden,** aus Viertonfolgen. Das Dur-Tetrachord und das Moll-Tetrachord sind als charakteristisches Merkmal ihrer Tonleiter bekannt. In diesen Leitern finden sich aber weitere Viertonfolgen, die wir in unser Hörprogramm aufnehmen wollen. Wiederhole dazu Text und Aufgaben aus Heft 2 ab Seite 83.

205 Bestimme die Schrittfolgen in den Tetrachorden. Singe die Tetrachorde von verschiedenen Tönen aus auf- und abwärts. Stelle dir dabei die jeweiligen Schrittmodelle vor. Bemühe dich, die Tonfolgen innerlich vorauszuhören.

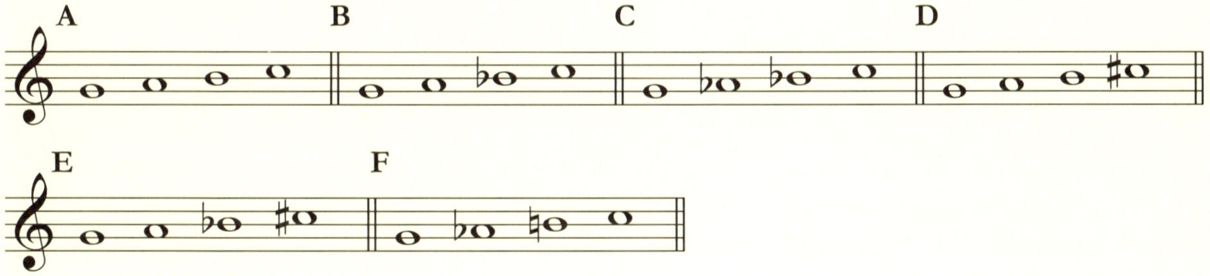

Zusatzaufgabe: In welchen Durtonleitern finden wir die Tonfolgen **A–D,** in welchen Molltonleitern **E** und **F?**

Diese sechs Tetrachorde sind wichtige melodische Bausteine. Wir wollen uns deshalb intensiver mit ihrem Klangcharakter vertraut machen.

206 **CD** Track 59: Höre die sechs in Aufgabe 205 abgedruckten Tetrachorde nun auf- und abwärts auf dem Ton c^1 beginnend. Singe auf Notennamen mit.

Zusatzaufgabe: Notiere und singe die sechs Tetrachorde von den Tönen d^1 und b aus.

207 **CD** Track 60: Höre vier Tetrachorde, notiere sie mit den oben angegebenen Buchstaben.

208 Singe die Melodie auch in den Schrittfolgen der Tetrachorde **B–F.**

Die Tetrachorde lassen sich zu klanglich interessanten Leitern kombinieren. Einige dieser Skalen (die so genannten *Kirchenton-* oder *modalen Leitern*) spielten in der Musik des Mittelalters eine wichtige Rolle, einige finden sich heute noch in der Folklore anderer Völker, einige werden für das Improvisieren im Jazz verwendet. Wir wollen in einigen Übungen ihren besonderen Klangreiz spüren, der eine willkommene Bereicherung unserer Dur/Moll-geprägten Musik darstellt.

209 Bilde aus den geforderten Tetrachorden Leitern, singe diese Kombinationen.

1) **A+B** 2) **B+A** 3) **C+B** 4) **B+C** 5) **D+A** 6) **D+B** 7) **E+A** 8) **A+F**

210 **CD** Track 61: Notiere die aus zwei unterschiedlichen Tetrachorden geformten Leitern.

211 Analysiere das Tonmaterial und erkunde den Tetrachordaufbau (bilde die entsprechende Leiter). Singe und spiele.

Slowakisches Lied

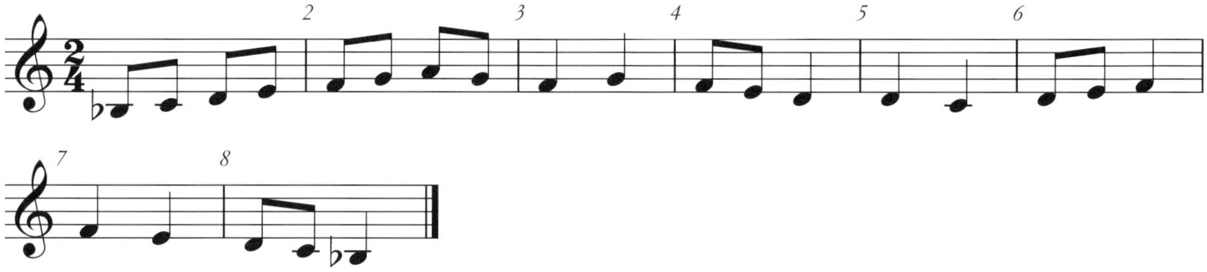

Zusatzaufgaben: 1) Notiere das Lied auf F beginnend. Singe auf Notennamen.
2) Notiere und singe die gedruckte Melodie mit der Tetrachord-Folge **B+A.**

212 Bilde die zur Melodie gehörende Leiter, bestimme die Tetrachorde. Singe und spiele.

Dagen viger (aus Dänemark)

Zusatzaufgaben: 1) Notiere das Lied auf e[1] beginnend. Singe auf Notennamen.
2) Notiere und singe die gedruckte Melodie mit der Tetrachord-Folge **D+A.**

213 Bilde die zur Melodie gehörende Leiter, bestimme die Tetrachorde. Singe und spiele.

Aus einer alten Klezmer-Weise

Zusatzaufgaben: 1) Notiere das Lied auf f[1] beginnend. Singe auf Notennamen.
2) Notiere und singe die gedruckte Melodie mit der Tetrachord-Folge **C+F.**

214 **CD** Track 62: Melodiediktate

215 Wähle ein Tetrachord aus. Erfinde mit diesem Tonmaterial ein Motiv, beantworte es.

♫ Nimm die in diesem Kapitel besprochenen Tetrachorde als Anregung für eigene Kompositionsversuche. Bilde Leitern, erfinde Motive und leite daraus eine Form ab. Natürlich kannst du die Leitern auch kombinieren. Löse dich dabei bitte zunehmend vom Instrument und vertraue dem inneren Gehör. Notiere deine Versuche. Wähle dann kritisch aus und stelle das vor, was dir am besten gefällt. Das ist eine Daueraufgabe, in die du immer wieder Zeit investieren solltest.

Einfache und doppelte Punktierung

Interessant ist die Frage, warum die Figur *Viertel punktiert/Achtel* (a) in unserer Musik viel, viel häufiger auftaucht als deren Umkehrung *Achtel/Viertel punktiert* (b). Die Antwort ist einfach: *Der kürzere Notenwert drängt zum nachfolgenden.* Das Achtel in Figur a fordert Weiterführung (Beispiel 1), belebt, baut Spannung auf. Anders ist der Sachverhalt in Figur b, wo das Achtel am Anfang steht. Dessen Drängen wird im folgenden punktierten Viertel „aufgefangen“, die Figur wirkt somit abgeschlossener.
Deutlich wird das auch in der Schlusswirkung. Figur a schließt nicht ab (Beispiel 2), hängt quasi „in der Luft“ (bitte nicht mit Offbeat im Jazz verwechseln – siehe ab Seite 97). Das punktierte Viertel in Figur b wäre dagegen als Abschluss denkbar (Beispiel 3), denn der Bewegungsdrang des Achtels ist mit der folgenden längeren Note aufgehoben.

216 Erarbeite (klopfe) den Rhythmus. Singe und spiele.

Esik esö (aus Ungarn)

Das Gesagte trifft nicht nur auf das Verhältnis Viertel/Achtel zu, sondern auch auf alle gleichgearteten rhythmischen Verhältnisse, also auch auf Achtel/Sechzehntel usw.

217 Erarbeite (klopfe) den Rhythmus. Singe und spiele.

Gin a Body Meet a Body (aus Schottland)

Zusatzaufgabe: Notiere das Lied im 4/4-Takt in doppelten Notenwerten in D-Dur.

In seltenen Fällen treffen wir auf eine **Doppelpunktierung:** Hinter dem Notenkopf stehen *zwei* Punkte. Die so gekennzeichnete Note erfährt eine *Verlängerung um ein Dreiviertel* ihres Wertes.

Unterscheide in der Ausführung:

und

- Der erste Punkt verlängert die Halbe um ein Viertel, der zweite um die Hälfte des Viertels, also um ein Achtel.
- Der erste Punkt verlängert das Viertel um ein Achtel, der zweite um die Hälfte des Achtels, also um ein Sechzehntel.

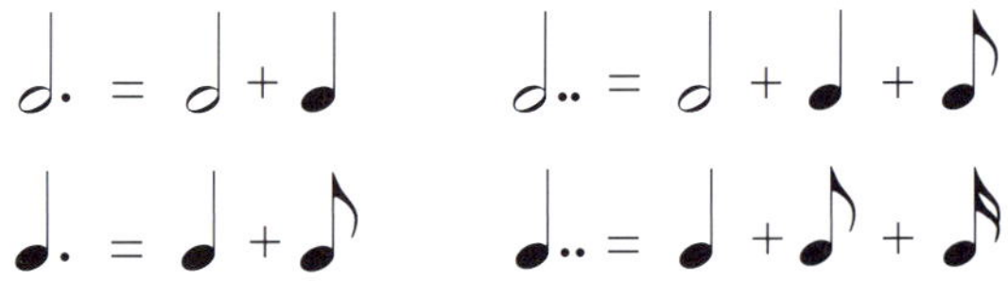

Aus *Andante patetico e rigoroso* (Daniel Gottlieb Türk)

Beachte die unterschiedliche Notierung in diesem Beispiel:
Die Sechzehntelpause fordert eine etwas abgesetzte und damit schärfere Ausführung.

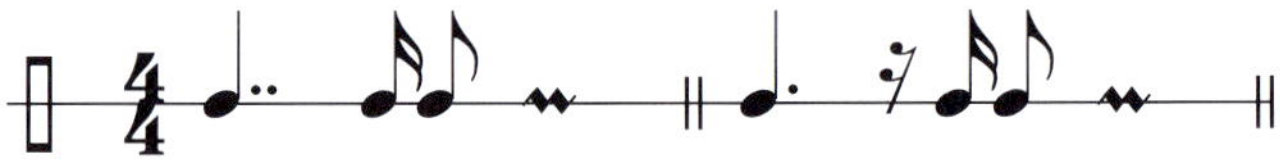

Punktierte Notenwerte im 3/8- und 6/8-Takt

Im Dreiertakt haben wir die oft auftretenden Figuren mit der punktierten Viertelnote geübt. Jetzt halbieren wir deren Wert.

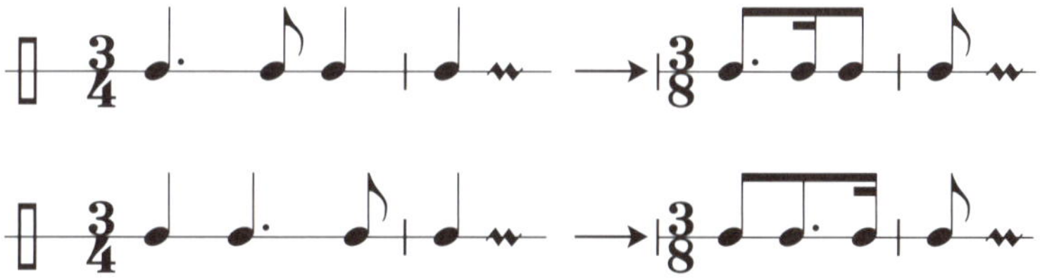

Die ergänzte Übersicht wichtiger **Grundfiguren mit Achteln und Sechzehnteln im Dreiertakt** (beachte insbesondere die neu hinzugekommenen punktierten Figuren **I** und **J**):

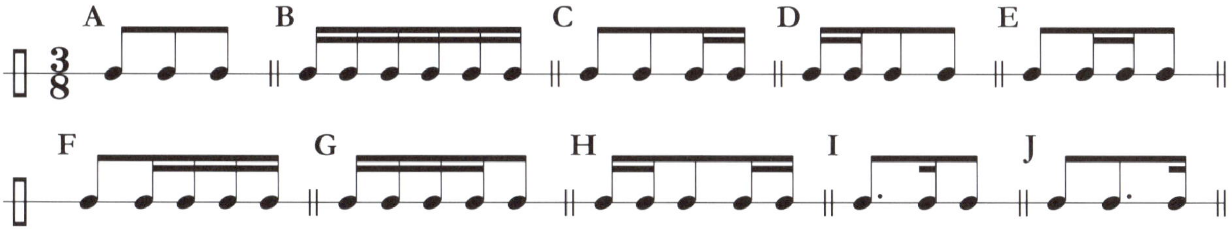

Die häufig anzutreffende Grundfigur **I** bereitet mitunter Schwierigkeiten beim Musizieren – verbreitete Spiel- und Merkhilfe ist der Name „Ams-ter-dam".

218 Bestimme die Grundfiguren. Klopfe.

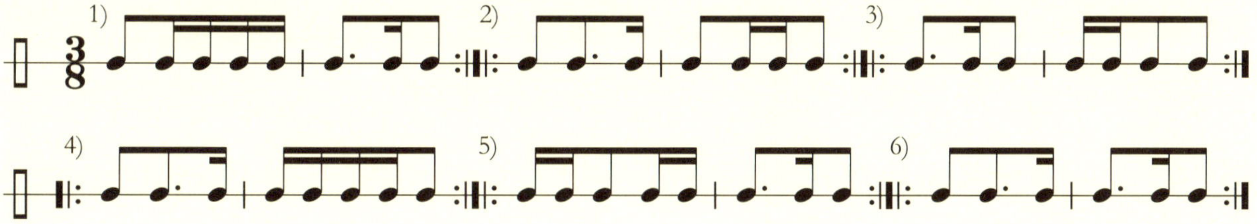

219 Kombiniere diese Grundfiguren zu Vier-Takt-Rhythmen im 3/8-Takt. Notiere und klopfe sie.

Durch Einbezug von Viertelnoten (anstelle zweier Achtel) und Pausen ergeben sich viele Varianten.

220 Klopfe.

221 Ergänze die Takte durch jeweils einen Notenwert. Klopfe nach der Korrektur.

222 **CD** Tracks 63/64: Rhythmusdiktate

Versuche immer wieder unsere Aufgaben sowie andere Lieder und Stücke vor dem Klopfen, Singen oder Spielen innerlich zu hören. Lies die Noten: Erarbeite alle Rhythmen und Melodien mit Hilfe des inneren Gehörs.

223 Verfolge und erkenne die rhythmische Struktur, dann klopfe. Lies die Melodie, versuche sie dann zu singen.

Nach einem Tanz von Georg Philipp Telemann

Zusatzaufgaben: 1) Gestalte und spiele den Tanz mit Dynamik und Artikulation.
2) Beantworte, warum die Figuren in den Takten 4 und 12 nicht unter *einem* Balken stehen.

Das Üben dieser Grundfiguren ist deshalb so wichtig, weil sie uns – kombiniert und aneinandergereiht – im 6/8-Takt und nachfolgend im 9/8- und 12/8-Takt wieder begegnen. Hier gleich einige Übungen dazu.

▶ Nochmals der Hinweis, dass man aus der Verbalkung der Achtel und Sechzehntel die metrische Struktur dieser Achteltakte erkennen muss. Fasse also die Dreiereinheiten mit je einem Balken zusammen.

224 Verbinde die Noten mit Balken, beachte das 6/8-Metrum.

225 Klopfe. Übe zunächst mehrfach wiederholend in kleinen Einheiten. Erkenne Grundformen.

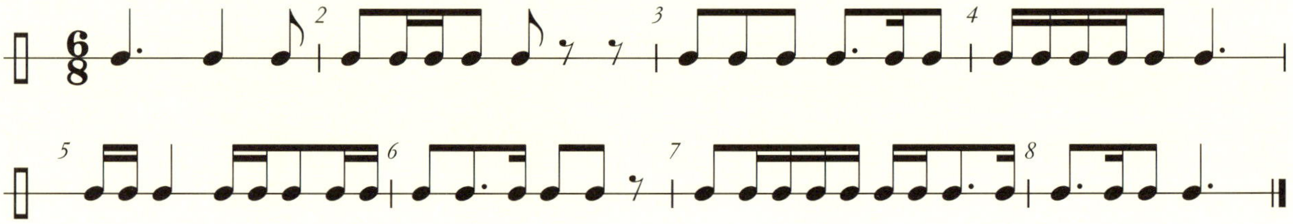

226 Notiere den 6/8-Rhythmus dir bekannter Liedanfänge (vier Takte), z. B. *Stille Nacht, heilige Nacht / Sah ein Knab ein Röslein stehn / Kommt, ihr Gspielen.* Taktiere beim Singen.

227 Erfinde zum Rhythmus-Motiv eine Melodie und ergänze diese zu einer Liedform. Erarbeite mehrere Varianten und notiere die, die dir am besten gefällt.

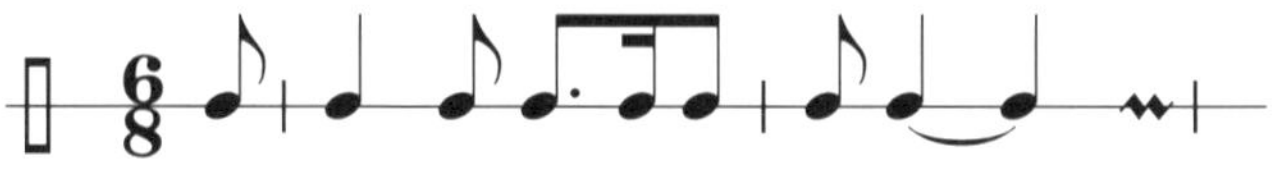

228 Klopfe die zweistimmigen Übungen, wechsle bei der Wiederholung die Hände. Übe bei Bedarf takt- bzw. zweitaktweise; klopfe abschließend Übungen 1–3 ohne abzusetzen.

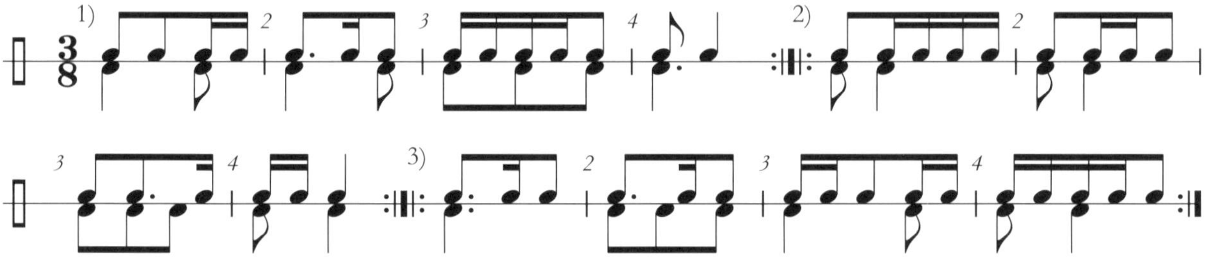

Zusatzaufgabe: Erfinde weitere Übungen.

229 Klopfe.

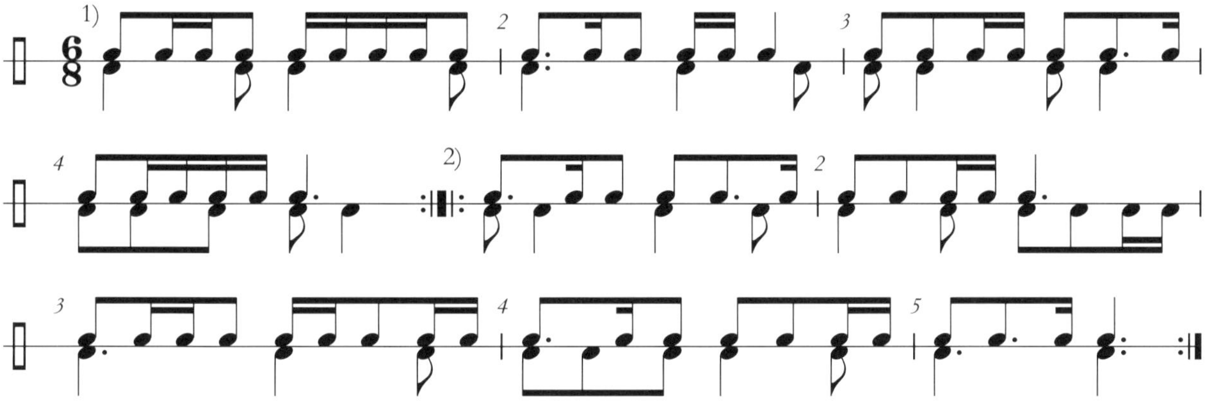

230 **CD** Track 65: Ein zweistimmiges Lückendiktat. Ergänze in der oberen Zeile (Takte 1–4) die Oberstimme, in der unteren Zeile die Unterstimme. Klopfe das Ergebnis, füge selbst dynamische Abstufungen ein.

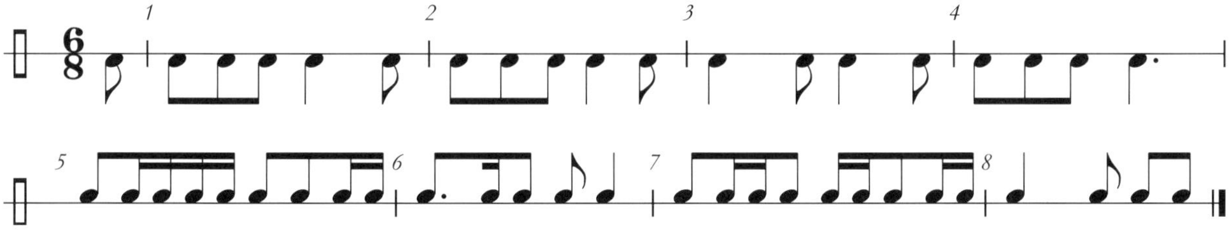

231 **CD** Tracks 66/67: zweistimmige Rhythmusdiktate

232 **CD** Track 68: Lückendiktat. Vervollständige erst die Melodie und ergänze dann die Begleitstimme.

Il pleut, bergère (aus Frankreich)

Zusatzaufgabe: Erfinde und notiere eine eigene Begleitstimme.

Im-Takt-Bleiben kann mitunter recht kompliziert sein, vor allem wenn der melodische Zusammenhang fehlt und längere Pausen auftreten. Die folgende Aufgabe – zugegeben, sie ist etwas konstruiert – soll dich im Zählen, im Einhalten des Tempos und im richtigen Platzieren einzelner Töne herausfordern.

Hinweise:

- Wähle anfangs das Tempo nicht zu schnell, empfinde und zähle Achtel.
- Versuche dann auch das Tempo anzuziehen und in „halbe Takte" überzugehen.
- Halte aber in jedem Fall das Grundtempo gleichmäßig ein.

233 Klopfe.

▶ In Einzelstimmen auftretende *Mehrtaktpausen* werden entweder durch die entsprechende Zahl über der Ganztaktpause (siehe in Aufgabe 233) oder über den traditionellen Notensatzsymbolen angegeben.

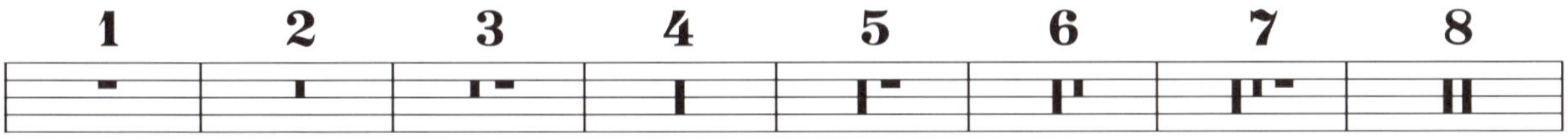

Der 9/8- und der 12/8-Takt

Der uns bekannte 6/8-Takt ist ein Zweiertakt mit dreifacher Untergliederung. Anders gesagt: er setzt sich aus zwei Dreiachteleinheiten zusammen.
Das wird besonders aus der Verbalkung der Achtel (2 × 3) ersichtlich.
Nun lernen wir den *9/8-* und den *12/8-Takt* kennen, die ebenfalls aus Dreiereinheiten bestehen.

Beide Taktarten kommen selten vor. Man findet sie hauptsächlich in Musik mit fortlaufend fließender Bewegung oder in sehr ruhigem Tempo. Unterscheide:

Der **9/8-Takt** ist ein Dreiertakt, der dreiteilig untergliedert ist.
Nur in sehr langsamem Tempo (Beispiel a) werden die Achtel gezählt. Die Hauptbetonung erhält selbstverständlich Zählzeit **1;** Nebenbetonungen liegen auf **4** und **7.**
In schnellerem Tempo (Beispiel b) werden nur die punktierten Viertel gezählt, also **1**–2–3.

a)

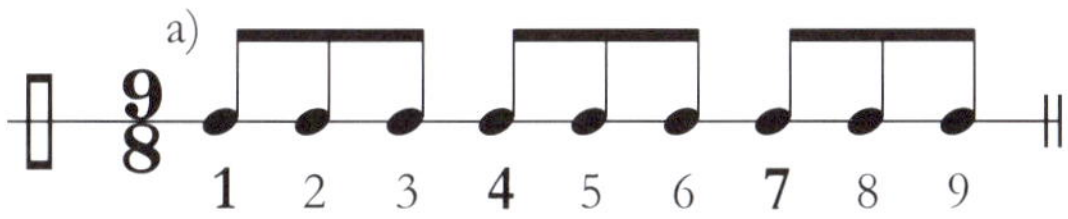

b)

Johann Sebastian Bach notierte die bekannte Melodie aus der Kantate *Herz und Mund und Tat und Leben* (BWV 147) im 9/8-Takt. Das Metrum entspricht dem weiten Schwingen dieser Musik.

Zum Choral *Werde munter, mein Gemüte* (Johann Sebastian Bach)

Anmerkung: Die Abkürzung BWV steht für Bach-Werke-Verzeichnis, einer Auflistung aller Kompositionen von Johann Sebastian Bach – ähnlich wie KV (Köchel-Verzeichnis) für die Werke Mozarts.

234 Singe und spiele.

Beautiful Dreamer (Stephen C. Foster)

Zusatzaufgabe: Notiere das Lied mit Triolen im 3/4-Takt, beginnend mit c^1 im Bassschlüssel.

Der **12/8-Takt** ist ein Vierertakt, der dreiteilig untergliedert ist.
Selten werden alle Achtel gezählt (Beispiel a). Hauptbetonung erhält Zählzeit 1. Eine stärkere Nebenbetonung liegt auf der Taktmitte, also Zählzeit 7. Leichte Betonungen finden sich auf 4 und 10.
Im schnelleren Tempo (Beispiel b) werden nur die punktierten Viertel gezählt, also **1**–2–**3**–4.

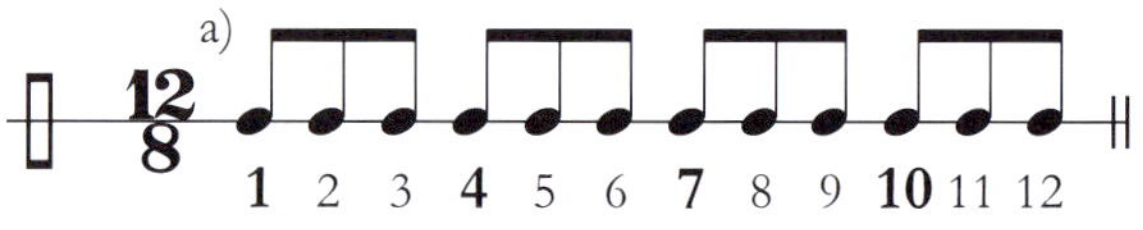

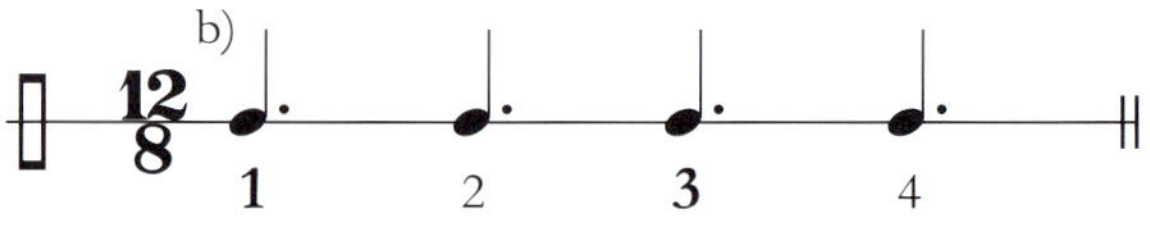

Ein typisches Beispiel ist der aus dem 16./17. Jh. stammende italienische Volkstanz *Siciliano* (auch *Siciliana*), dessen getragener wiegender Rhythmus von vielen Komponisten aufgegriffen wurde.

La paix / aus der *Feuerwerksmusik* (Georg Friedrich Händel)

Unregelmäßige Unterteilungen von Notenwerten

Wir kennen die **regelmäßige Unterteilung** der Notenwerte:

- *zweiteilig* – der Halben entsprechen zwei Viertel bzw. vier Achtel oder auch acht Sechzehntel,
- *dreiteilig* – der punktierten Halben entsprechen drei Viertel bzw. sechs Achtel oder auch zwölf Sechzehntel.

Auch eine **unregelmäßige Unterteilung** haben wir schon kennen gelernt: Die **Triole** unterteilt die *zwei*teilige Note *drei*teilig, denn für die zwei Achtel einer Viertel stehen drei Triolenachtel (siehe Heft 2 ab Seite 52).

Die nachfolgende Übersicht weiterer unregelmäßiger Unterteilungen bedarf einiger Erklärungen.

Ausgangspunkt ist ein *zweiteiliger Notenwert,*
hier die Halbe.
Unregelmäßig sind
Triole = 3:2,
Quintole = 5:4,
Sextole = 6:4,
Septole = 7:4,
aber nicht Duole und Quartole.

Ausgangspunkt ist ein *dreiteiliger Notenwert,*
hier die punktierte Halbe.
Unregelmäßig sind
Duole = 2:3,
Quartole = 4:3,
Quintole = 5:3,
Septole = 7:6,
aber nicht Triole und Sextole.

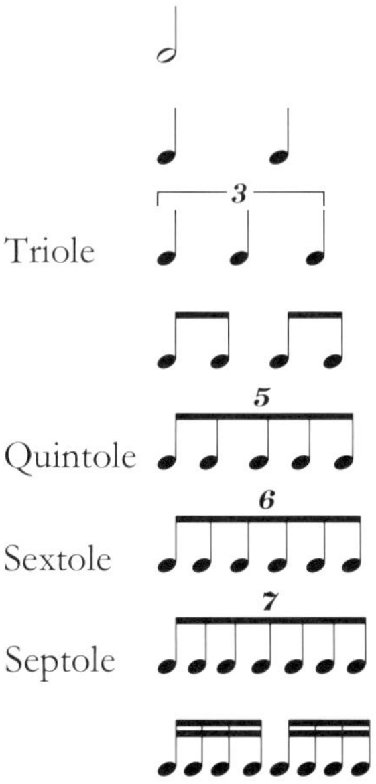

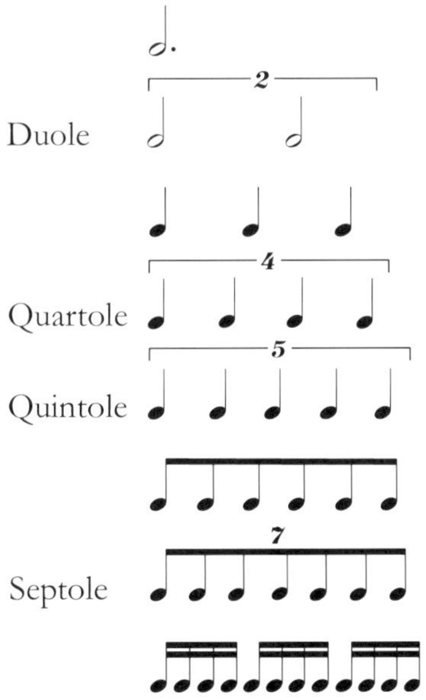

Die Namen dieser unregelmäßigen Unterteilungen lassen sich in Verbindung mit anderen bereits bekannten musikalischen Begriffen gut einprägen:

- Duole (zwei) mit Duo oder Duett,
- Triole (drei) mit Trio,
- Quartole (vier) mit Quarte oder Quartett,
- Quintole (fünf) mit Quinte oder Quintett,
- Sextole (sechs) mit Sexte oder Sextett,
- Septole (sieben) mit Septime oder Septett.

Die Reihe wird fortgesetzt mit Oktole (acht), Nonole (neun), Dezimole (zehn) …

Im Notenbild erkennt man sie an der kleinen schrägen (kursiven) Zahl am Balken oder (wenn kein Balken vorhanden ist) in bzw. unter der Klammer.
In neuerer Musik findet sich oft anstelle der Zahl das Verhältnis, bei der Quintole z. B. 5 : 4 (= 5 Achtel anstelle von 4 Achteln).

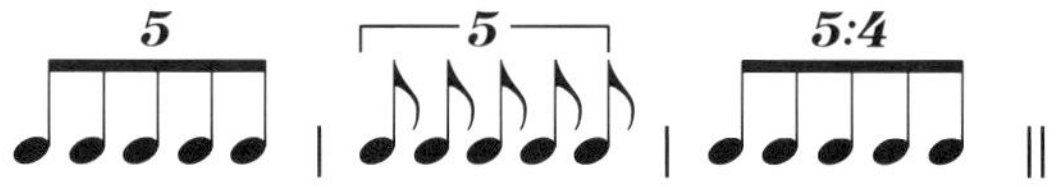

Ein wenig Theorie:
Über die Notierung gibt es z. T. unterschiedliche Auffassungen. Die zum Verständnis und Einprägen beste Variante besagt, dass sich der Notenwert erst ändert, wenn die *nächste kleinere regelmäßige Unterteilung* erreicht ist.

Ein praktisches Beispiel (vergleiche mit der auf Seite 89 abgedruckten Übersicht):
Ausgangspunkt Halbe punktiert; nächste regelmäßige Unterteilung = (3) Viertel; Duole also mit Halben notieren. Die folgende regelmäßige Unterteilung = (6) Achtel; Quartole und Quintole werden noch in Vierteln notiert, die Septole dagegen in Achteln.
Daraus ergibt sich z. B. die unterschiedliche Notierung der Quintole in Zweier- und Dreier-Untergliederung.

▶ Heute werden die unregelmäßigen Unterteilungen auch mit dem aus der Computer-Notensatz-Software stammenden Oberbegriff **N-tolen** zusammengefasst, wobei das **N** (als mathematisches Symbol für eine unbestimmte Konstante) für jede kleinere Zahl stehen kann. Auch die Bezeichnung **X-tolen** ist anzutreffen.

Bis auf die Triole sind die unregelmäßigen Unterteilungen relativ selten anzutreffen. Oft handelt es sich um virtuose solistische Musik mit viel melodischer Ausschmückung, wie das folgende Beispiel zeigt. Takt 3 des Chopin-Walzers wird bei den Wiederholungen mehrfach verändert:

Aus dem Walzer op. 69/1 (Frédéric Chopin)

Das Üben von N-tolen-Figuren bzw. unregelmäßigen Unterteilungen erfolgt meist im Unterricht bei der Erarbeitung entsprechender Stücke oder Lieder. Wer mag, erfinde dazu selbst Aufgaben.

Von **Konfliktrhythmen** spricht man, wenn z. B. Figuren mit regelmäßigen und unregelmäßigen Unterteilungen gleichzeitig erklingen. Eine recht schwierige Aufgabe ist das auf beide Hände verteilte Klopfen im Verhältnis 3 : 2 (Triole) und 2 : 3 (Duole).

235 Erkenne die rhythmische Aufteilung mit Hilfe der Unterteilung in Achtel bzw. Achteltriolen mit Überbindungen (lies dazu auch im nachfolgenden Kapitel). Klopfe beidhändig, beginne langsam und setze die Schläge bewusst.

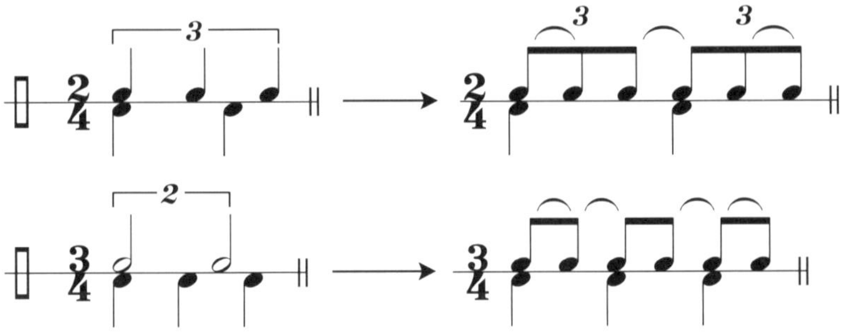

Zusatzaufgabe: Versuche auch die Aufteilung 3 : 4 zu klopfen.

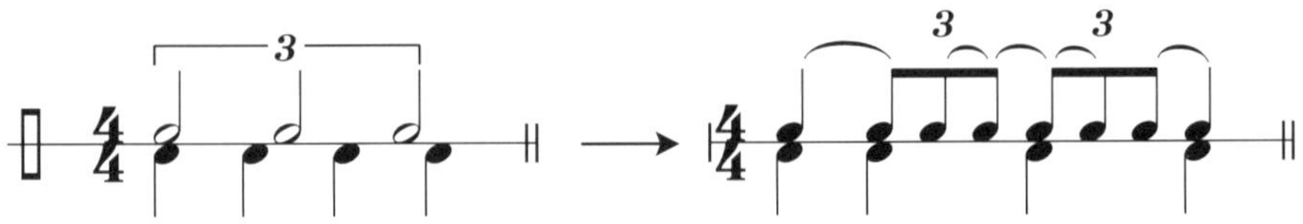

236 Finde im 2. Satz von Mozarts Klavierkonzert C-Dur (KV 467) Taktteile mit Konfliktmetren – markiere und klopfe sie. Vergleiche dazu den Melodierhythmus (rechte Hand) mit dem Begleitrhythmus (linke Hand).
Beachte: Auch wenn in den Takten 2 bis 6 in der Unterstimme keine Triolen-*3* vermerkt ist, werden (wie in Takt 1 angegeben) Triolen gespielt.

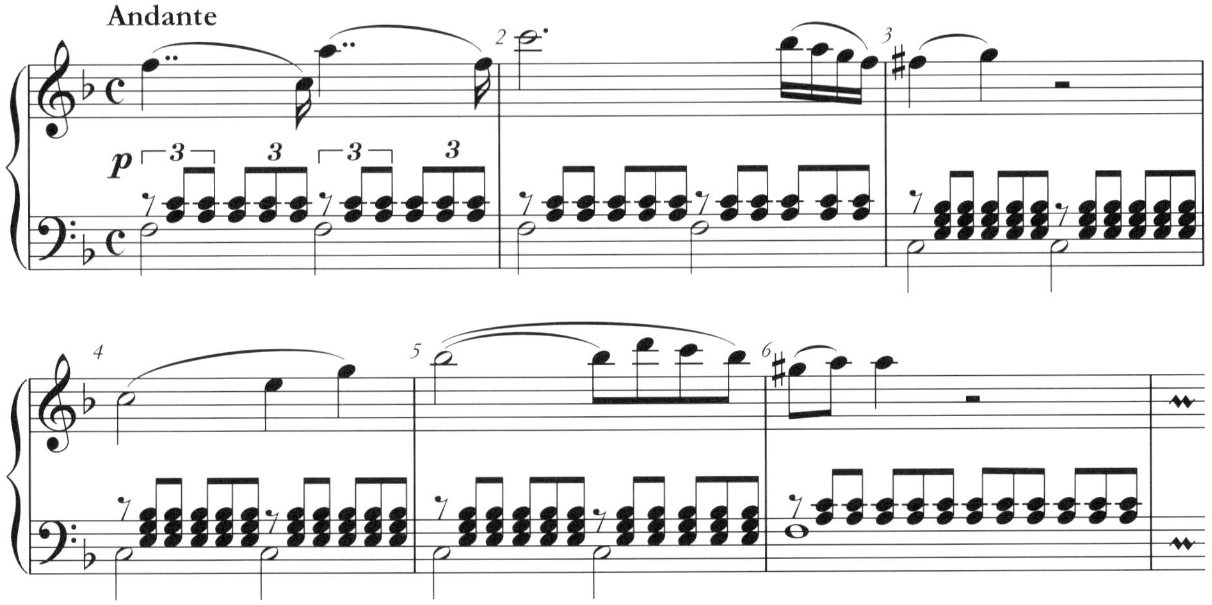

Unterteilte Triolen

Bisher kennen wir die Triole als Einheit von drei klingenden Achteln, die der Dauer einer Viertel bzw. von zwei Achteln oder vier Sechzehnteln entspricht.

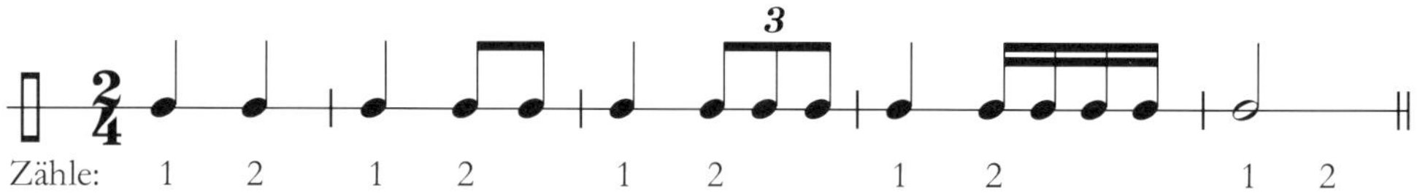

Die Achteltriole kann aber auch andere Notenwerte enthalten:
Oft tritt die Triole in der *Unterteilung Viertel/Achtel* (Beispiel a) auf – denke dir das zweite Achtel an das erste gebunden (Beispiel b).

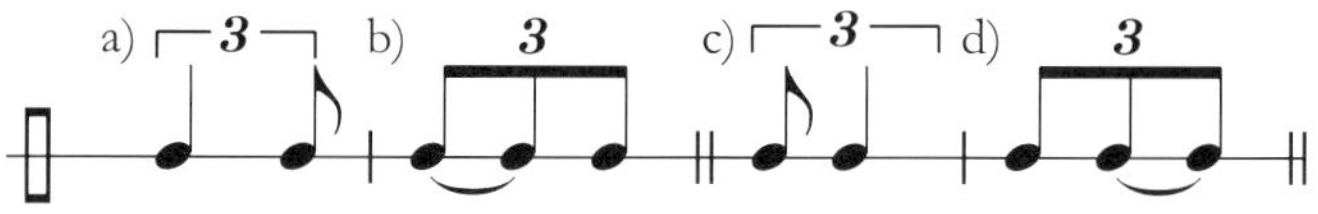

Auch die *Unterteilung Achtel/Viertel* (Beispiel c) ist möglich – denke dir das dritte Achtel an das zweite gebunden (Beispiel d).

▶ Zum Notenbild: Sind in der Triole alle Noten mit einem Balken verbunden (also Achtel und kleiner), so befindet sich die 3 unmittelbar am Balken, die Klammer entfällt. Enthält die Triole Viertel oder längere Notenwerte, so muss eine Klammer geschrieben werden, die immer an den Notenhälsen (nicht an den Notenköpfen) steht.

Die unter einerTriolenklammer notierte Viertelnote entspricht in der Dauer zwei Triolenachteln, ist also kürzer als ein Grundschlagviertel (man erkennt den Unterschied an der Triolenklammer). Auch das Triolenachtel ist kürzer als das „normale" Achtel.

Klingt kompliziert? Probiere es selbst aus: Das Achtel in Takt 1 ist länger als das Triolenachtel in Takt 2; das Viertel in Takt 4 ist länger als das Triolenviertel in Takt 3.

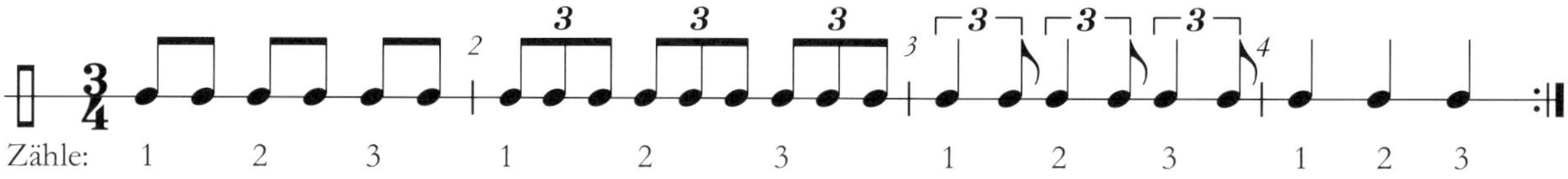

Der unterteilte Triolenrhythmus ist uns in anderer Gestalt bereits vertraut, denn die Dreiergrundfiguren sind schon ausführlich mit dem 3/8- und 6/8-Takt geübt worden. Neu ist jedoch, dass diese Dreierfiguren nun auf einer eigentlich *zweiteiligen* Zählzeit erscheinen – eben als Triole. Vergleiche und klopfe:

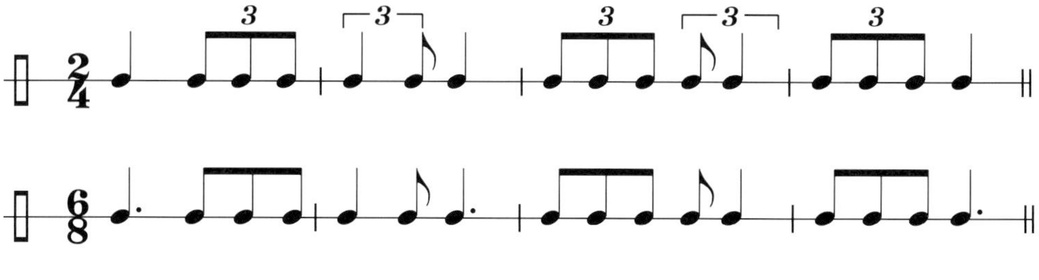

♫ Achte bei den folgenden Übungen stets auf die *gleichmäßige Ausführung* der Triole; spiele und singe die Figur nicht (überhastet, hektisch) als Gruppe von zwei Sechzehnteln/Achtel.

237 Klopfe langsam, jede Figur bewusst. Präge dir den unterschiedlichen Ablauf ein. Sprich oder singe den Rhythmus auf Silben.

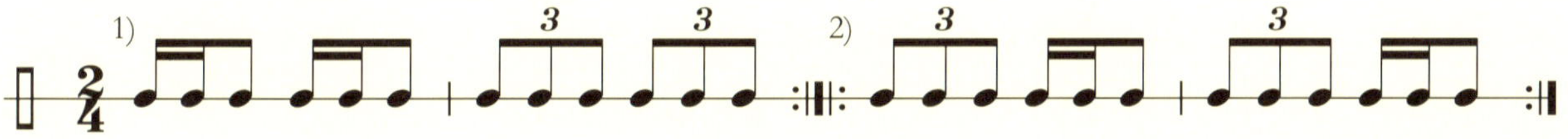

238 Klopfe mit einer Hand den Rhythmus, mit der anderen den Grundschlag. Beginne langsam.

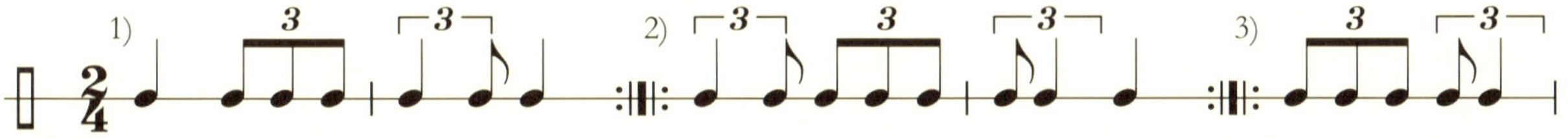

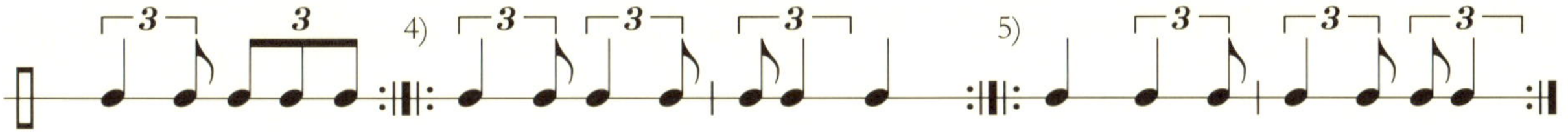

♫ Wenn sich, wie in der letzten Aufgabe, Triolen mit unterteilten Triolen ablösen, wird es kaum Probleme in der Wiedergabe geben. Schwieriger wird es beim Wechsel von Achteln und Triolenachteln. Übe deshalb immer wieder bewusst nachfolgende und ähnliche Rhythmusfiguren; bleibe im Takt (nutze falls notwendig ein Metronom). Übe und erfasse den Ablauf mit dem inneren Gehör!

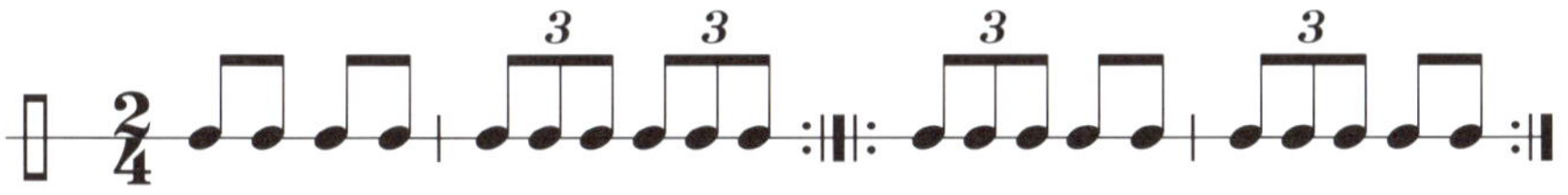 usw.

239 Klopfe. Markiere die Zählzeiten.

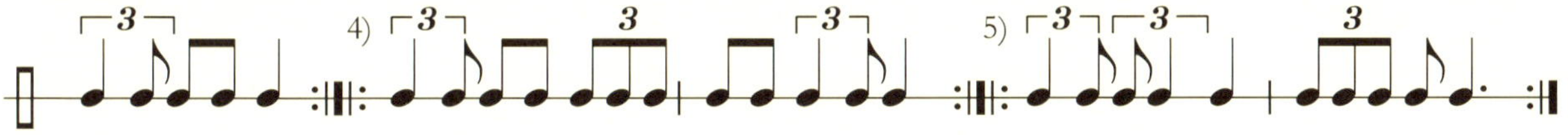

Zusatzaufgaben: 1) Verteile den Rhythmus auf beide Hände, z.B.

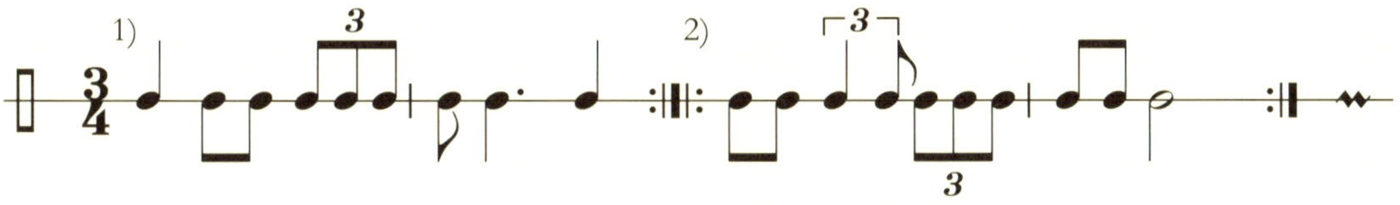

2) Erfinde, notiere und klopfe Übungen im 2/4-, 3/4- und 4/4-Takt mit den geübten Triolenfiguren.

240 **CD** Track 69: Lückendiktat

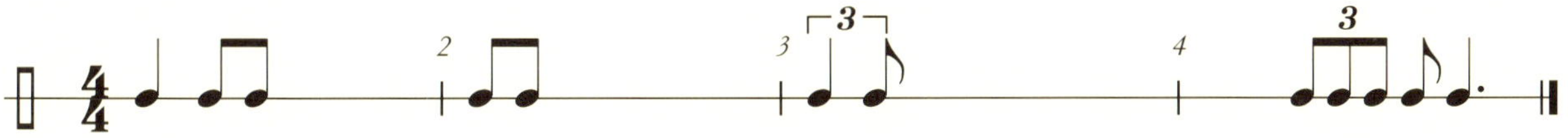

241 CD Tracks 70/71: Rhythmusdiktate

Die Triole kann auch Pausen enthalten. Die Notierung ist unterschiedlich: Das Pausensymbol kann unter einer Klammer (Beispiel a) oder unter einem durchgezogenen Balken (Beispiel b) stehen.

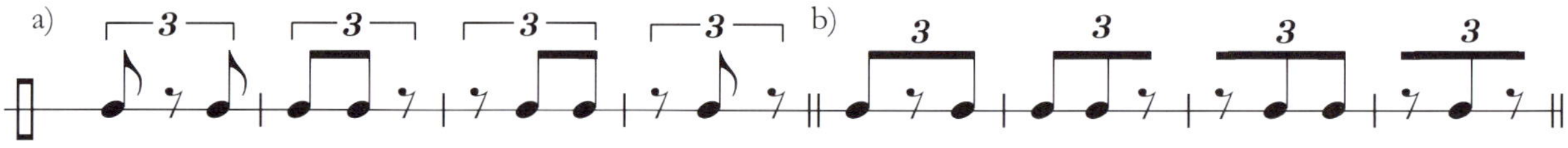

Let's swing ...

Singe oder spiele das nachstehende Spiritual.

Glory Halleluja (Spiritual)

Bestimmt hast du alle Tonhöhen eingehalten (obwohl es wie oft bei populären Melodien verschiedene Varianten gibt), aber den Rhythmus etwas freizügiger gestaltet. Richtig so, denn diese Melodie ist afroamerikanischen Ursprungs. Die afrikanische Tradition zeigt sich z. B. in einer speziellen Art und Weise der Ausführung der Achtelnoten, die zu einer lockeren, schwingenden Wiedergabe führt. Diese Eigenschaft umschreibt man mit dem Begriff **swing** (engl. = schwingen, schaukeln). Sie ist für den Blues und bestimmte Bereiche der Jazz- und Popmusik wie der Folklore charakteristisch.

Was verbirgt sich dahinter? Singen und spielen wir – wie richtig gelernt – die Achtelnoten entsprechend dem Notenbild, so klingt unser *Halleluja* fast wie ein Marsch. Die **swingende Spielweise** erreicht man, indem bei zwei Achteln das erste etwas verlängert und das zweite etwas verkürzt wird. Im Notenbild entspricht das ungefähr der Triolenfigur Viertel/Achtel.

242 Singe oder spiele in einem mittleren Tempo beide Varianten.

Spielen wir wie in Beispiel a angegeben, so ist das die vertraute *zweifache Unterteilung* bei der auf jedes Viertel zwei Achtel entfallen. Noten- und Klangbild stimmen überein. Der Fachbegriff dafür heißt **binär** (lat. = zweiteilig). Der Musiker spielt die Achtel „gerade" oder (engl.) „straight".

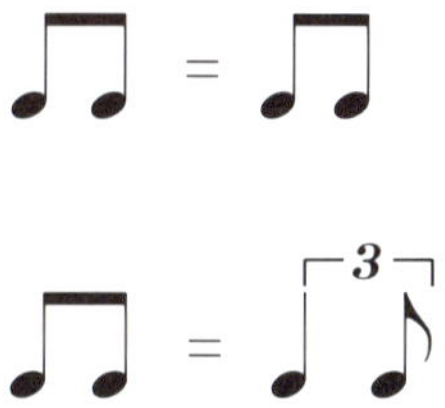

Erklingen die Achtelnoten des Beispiels a jedoch wie in Variante b, so erfolgt eine *dreifache Unterteilung* in Triolenviertel und Triolenachtel. Noten- und Klangbild stimmen in diesem Falle nicht überein, der Musiker spielt rhythmisch anders als notiert. Der Fachbegriff für diese *triolische Spielweise* lautet **ternär** (lat. = dreiteilig), die Musik swingt.

243 **CD** Track 72: Höre die Tonleiter binär und ternär gespielt auf- und abwärts. Das Notenbild bleibt unverändert.

Zusatzaufgabe: Übe nach und nach alle Dur- und Molltonleitern auch ternär.

Die ternäre Spielweise gilt auch für einzeln stehende Achtel.

- Erklingt das Achtel *auf* einer Zählzeit, so verlängert sich seine Dauer auf etwa ein Triolenviertel.

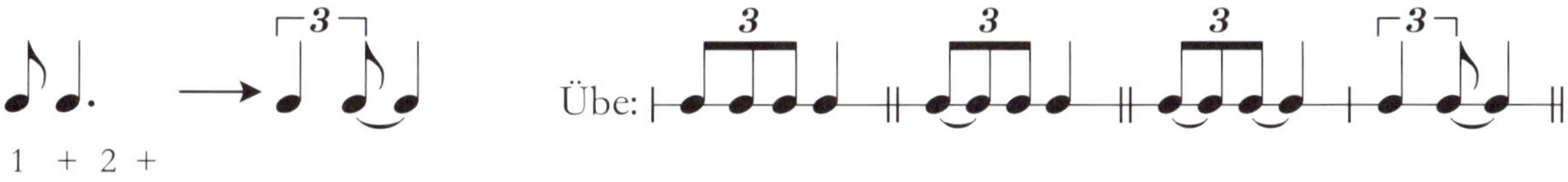

- Liegt das Achtel *zwischen* den Zählzeiten, auf „und", so verringert sich seine Dauer auf etwa ein Triolenachtel.

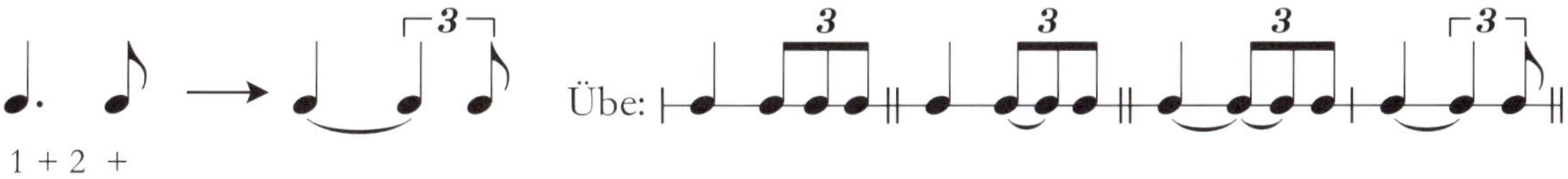

244 Notiere aus *Glory Halleluja* die Takte 9 bis 16 ternär im 4/4-Takt.

Etwas kompliziert sieht die **ternäre Darstellung der Synkope** aus. Sie vereint die beiden oben erklärten Achtelfiguren.

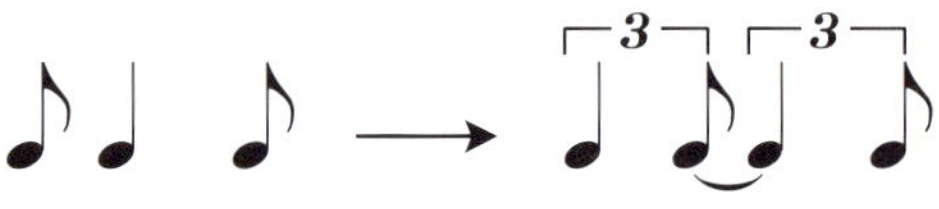

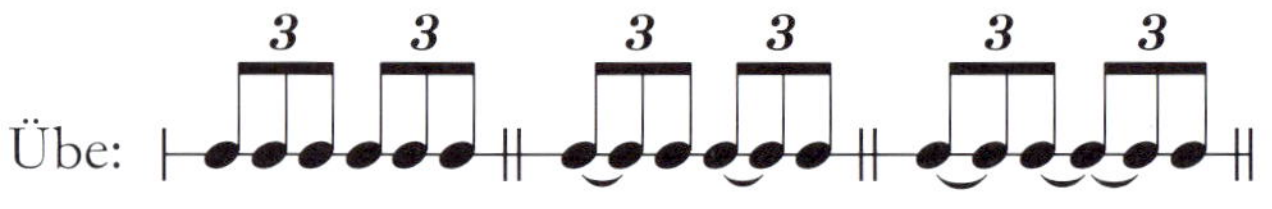

Die swingende Spielweise wird noch durch eine weitere stilistische Eigenheit unterstützt. Alle Achtel werden etwas breiter musiziert, die Viertel dagegen leicht verkürzt. Als methodische Hilfe schreibt man mitunter **Strich** (= lang) und **Punkt** (= kurz) an den Notenkopf.
Unterscheide z. B. binär und ternär ausgeführte Synkopen:

- *binäre* Synkope – die Achtel kurz, die synkopierte Viertel lang mit leichtem Akzent,
- *ternäre* Synkope (triolisch) – umgekehrt; die Achtel lang, die Viertel kurz.

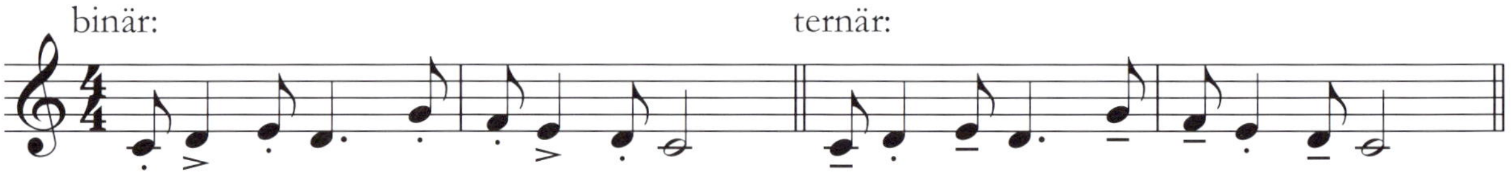

245 Schreibe die Melodie rhythmisch in ternärer Ausführung auf. Singe und spiele.

Cotton Need a Picking (aus den USA)

246 Notiere, singe und spiele die Melodie *Sloop John B.* (siehe Aufgabe 119) in ternärer Ausführung.

Warum wird die ternäre Ausführung nicht in den Noten ausgeschrieben? Die Antwort kannst du sicher selbst geben: Das Notenbild wäre unübersichtlich, ja verwirrend. Vergleiche die ersten Takte im folgenden Beispiel (auch der 12/8-Takt ist nicht hilfreicher):

Joshua Fought the Battle of Jericho (Spiritual)

Woran erkennt man, ob die Achtel in einer Melodie binär oder ternär ausgeführt werden? Eine Aufzählung der in Frage kommenden Musikstile steht eingangs des Kapitels. Oft ist aber zusätzlich über den Noten der nebenstehende Hinweis vermerkt; mitunter findet sich auch nur die Spielanweisung „swing".

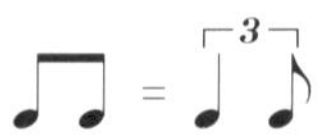

Mit zunehmendem Tempo verliert sich das Swingende; im schnellen Tempo bleiben die Achtel fast binär, wie notiert.
Und noch etwas: Früher schrieb man die swingenden Achtel bei gleicher Ausführung auch punktiert.

Lass aber nun bitte das Musizieren nicht in „Rechnerei" ausarten, sondern vertraue auch in Zukunft auf dein eigenes Swing-Feeling.

Der Beat

Betrachte bitte noch einmal den Anfang des Spirituals *Joshua Fought the Battle of Jericho.*

Auffällig sind die (swingend auszuführenden) Rhythmusfiguren in den Takten 2, 3 und 4. Würde es sich um ein traditionelles deutsches Volkslied handeln, sähen diese Takte wohl so aus:

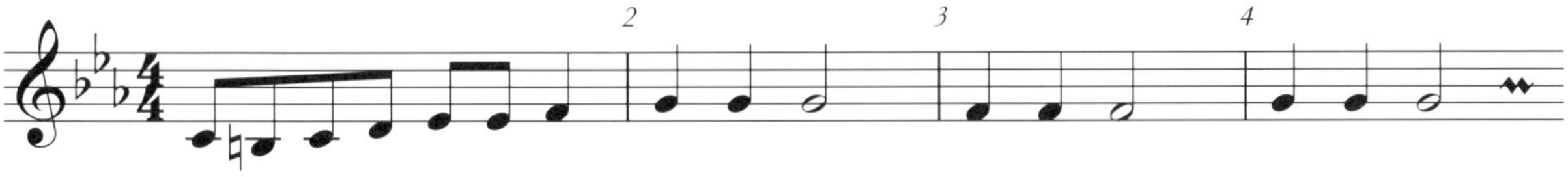

Im Vergleich zu unseren „braven", geraden Notenwerten sind die Originaltakte (durch die drei Synkopen) anders geordnet. Wie kommt es zu diesem Unterschied?
Spirituals sind die geistlichen Gesänge der Afroamerikaner – eine Entsprechung zum weltlichen Blues. Hier zeigen sich afrikanische Traditionen: Während unsere Musik vom Takt mit seinen unterschiedlichen Betonungen geprägt ist, leben deren Lieder und Tänze von einem gleichmäßigen Puls, dem **Beat** (engl. = Schlag). Auf uns überträgt er sich unbewusst beim Spielen und Hören z. B. von Jazz oder ähnlicher Musik. Wir wippen mit dem Fuß oder schwingen mit dem Körper. In der Notenschrift wird der Beat in das Taktschema eingefügt.

Alle Töne, die *auf* den Beat fallen, bezeichnet man als **onbeat** oder *downbeat.* Spannung bringen aber jene Töne, die zwischen dem Beat, also *vor* oder *nach* dem Schlag, erklingen. Diese Zwischenschläge werden **offbeat** genannt. Das wollen wir im Einzelnen betrachten und natürlich auch üben.

Um Offbeats zu erreichen, werden wichtige Melodietöne um ein Achtel verlagert, vor- oder nachgezogen. So wird die musikalische Phrase deutlicher, weshalb man auch von **Offbeat-Phrasierung** spricht.

Hier als Ausgangsmaterial ein Melodiemodell mit vielen Viertelnoten und ohne Tonwiederholungen:

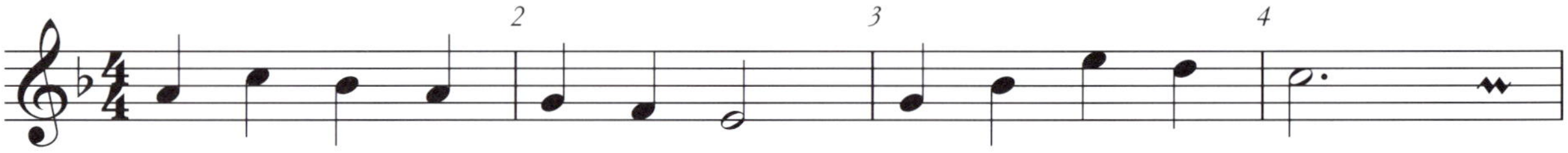

Weil das noch wenig afroamerikanisch klingt, versuchen wir es mit Offbeat-Verlagerungen auf den Zählzeiten 1 und 3 – eine häufige Variante. Diese Offbeats sind hier besonders spannungsintensiv, weil die Positionen der Schlusstöne von Melodiephrasen vorgezogen werden. Und die Achtel immer schön swingen lassen …

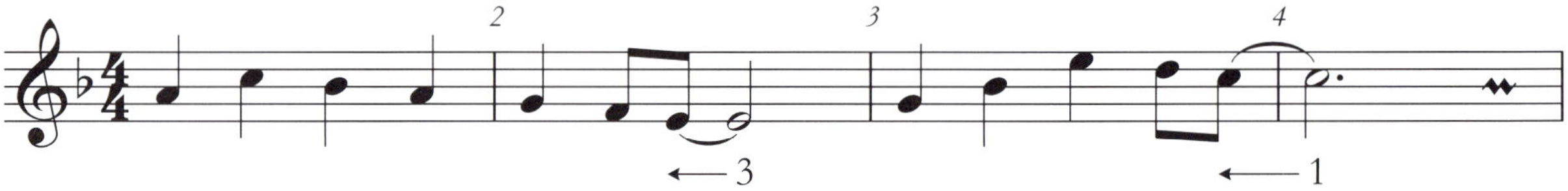

Takt 2: Note ist von Zählzeit 3 um ein Achtel auf Zählzeit 2+ vorgezogen worden.
Takt 4: Note ist von Zählzeit 1 um ein Achtel auf Zählzeit 4+ in Takt 3 vorgezogen worden.

247 Singe und spiele ternär.

vorgezogene 1:

vorgezogene 3:

vorgezogene 1 und 3:

Zusatzaufgaben: 1) Transponiere die Übungen.
2) Erfinde zu den Rhythmen andere Melodiewendungen.

248 Klopfe ternär und erfinde (notiere) Melodien dazu.

1) 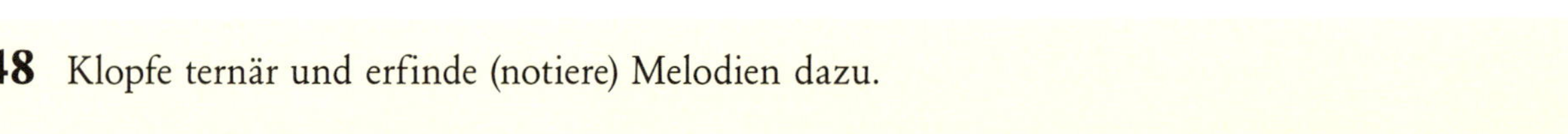

2) 

▶ Hinweis zu den Rhythmusdiktaten: Notiere die mit *swing* gespielten Offbeat-Beispiele stets zweiteilig, binär.

249 CD Track 73: Rhythmusdiktate

Und weiter geht's mit den Zählzeiten 2 und 4.

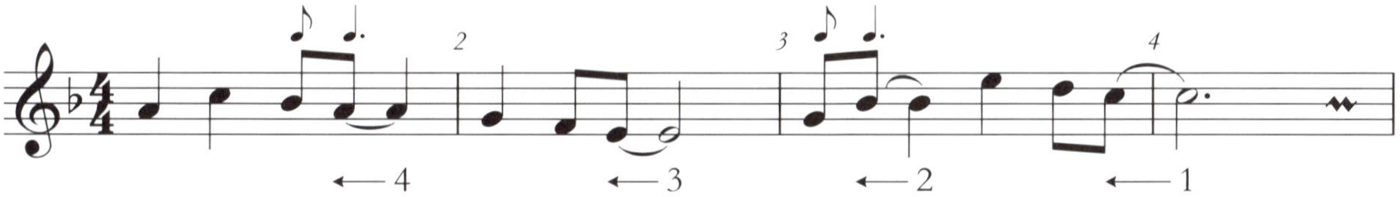

Zusätzliche Offbeat-Verlagerungen:
Takt 1: Note ist von Zählzeit 4 um ein Achtel auf Zählzeit 3+ vorgezogen worden.
Takt 3: Note ist von Zählzeit 2 um ein Achtel auf Zählzeit 1+ vorgezogen worden.

250 Klopfe und finde Melodien zu den Rhythmen.

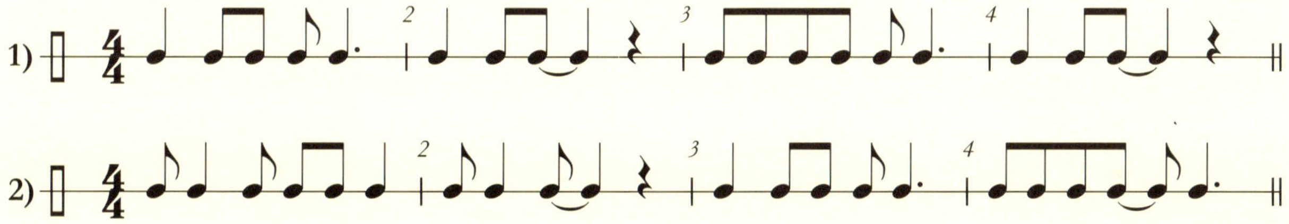

251 CD Track 74: Rhythmusdiktate

Nun mehrere Offbeat-Verlagerungen innerhalb des Taktes:

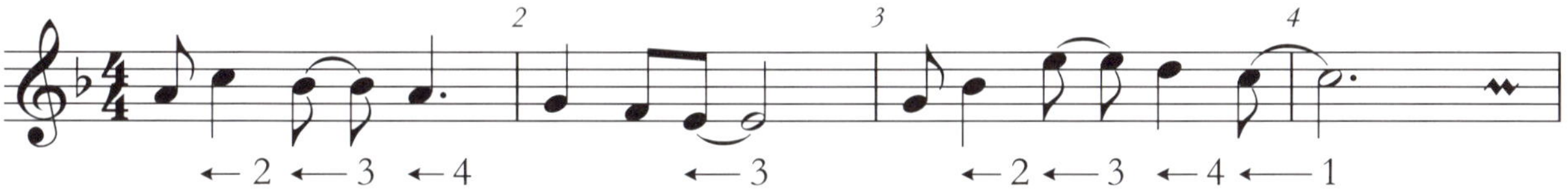

Takt 1: Zählzeiten 2, 3 und 4 sind um ein Achtel vorgezogen worden.
Takt 3: Zählzeiten 2, 3, 4 und 1 vom Folgetakt sind um ein Achtel vorgezogen worden.

Vorsicht! Man kann die Anwendung von Offbeats übertreiben, die beabsichtigte Wirkung wird damit nicht besser. Einige Noten sollten in jedem Falle onbeat sein, damit der Beat spürbar bleibt.

252 Klopfe (zunächst langsam, aber gleichmäßig).

253 Ein C-Dur-Dreiklang, eine bekannte Einleitung … Markiere die Offbeats.

254 **CD** Track 75: Rhythmusdiktate

Offbeat-Figuren können auch mit Pausen geschrieben werden.

255 Erkenne die Offbeat-Figuren. Singe und spiele.

Midnight Special (aus den USA)

Das folgende bekannte traditionelle Blues-Thema ist nur ein trauriges Noten-Skelett, jeglicher Offbeat fehlt. Damit es wieder „bluesig“ klingt, solltest du es mehrfach durchsingen oder spielen (natürlich ternär) und deinem Gefühl entsprechende rhythmische Änderungen vornehmen. Bei der Wiederholung kannst du auch die Melodie etwas umspielen bzw. variieren.

256 Singe und spiele. Notiere Offbeat-Varianten.

St. James Infirmary (Blues)

Bisher erfolgte die Offbeat-Verlagerung stets auf die vorangehende Zählzeit, der Musiker spricht von *Vorziehern*. Das ist die häufigste Variante. Es gibt aber auch Musikformen in denen stellenweise eine **Verlagerung um ein Achtel nach hinten** stattfindet, z.B. bei dem auf brasilianische Folklore zurückgehenden Bossa Nova (Jazz-Samba).

Hier noch einmal unser Modell:

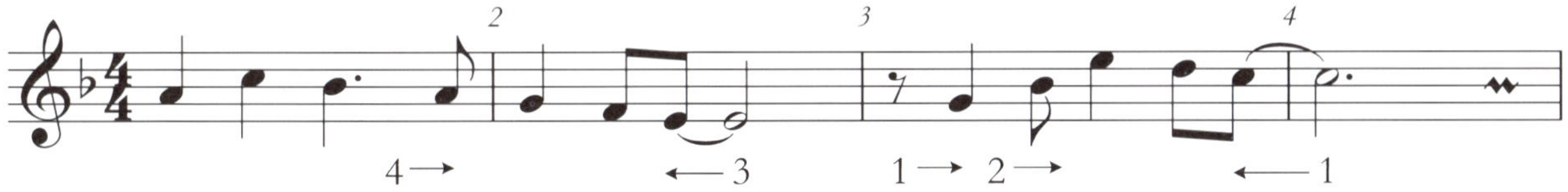

Takt 1: Zählzeit 4 ist um ein Achtel nachgezogen worden.
Takt 3: Zählzeiten 1 und 2 sind um ein Achtel nachgezogen worden.

257 Vergleiche obere und untere Zeile. Analysiere die Stellung der Offbeats.

258 Klopfe den Melodierhythmus.

One Note Samba (Antonio Carlos Jobim)

Der Blues

Ternäre Spielweise und Offbeat-Phrasierung sind nun bekannt. Jetzt folgt die Zusammenführung beider Elemente in einem grundlegenden afroamerikanischen Musikstil – dem Blues. Der **Blues** wurde Ende des 19. Jh. von umherwandernden farbigen Sängern in den Südstaaten der USA verbreitet. Aus diesen meist schwermütigen, klagenden Liedern (Country Blues), die immer wieder neu erfunden und improvisiert wurden, entwickelte sich bald in den Städten des Nordens eine relativ feststehende Musizierform (City Blues). Diese Musik hat sowohl den Jazz als auch die Rockmusik in ganz erheblichem Maße beeinflusst. Und das Erstaunliche: Der Blues ist heute noch genauso beliebt wie früher. Es gibt einige musikalische Besonderheiten, mit denen wir uns nun beschäftigen wollen.

259 Singe und spiele ternär und nicht zu schnell.

Betrachten wir diese Melodie etwas genauer. Schon bei einem ersten Blick auf die Noten fällt auf, dass es Wiederholungen bzw. Entsprechungen in der Melodie gibt. Beim Blues hat sich eine Standardform, das so genannte **Bluesschema** (auch *Bluesformel*), herausgebildet. Das **Thema** (die Grundmelodie) besteht aus zwölf Takten, genauer: aus dreimal vier Takten. Das kennen wir schon (siehe Heft 2, Seite 74) als Satz mit drei Satzgliedern, hier a–a–b. In den Takten 1–4 wird eine Frage gestellt, in den Takten 5–8 wird diese Frage wiederholt, in den Takten 9–12 erfolgt die Antwort. Im Blues erscheint die Frage mehr als Ruf, meist fällt die Melodie, harmonisch wird die Tonika nicht verlassen. In der afroamerikanischen Musik begegnen wir diesem **Ruf-Antwort-Prinzip** sehr oft im Wechsel von Vorsänger und „Chor", z.B. im *Worksong* (Gesang zur Arbeit) von Vorarbeiter und Arbeitern oder im *Spiritual* (geistliches Lied) von Reverend (Pfarrer) und Gemeinde.

	Ruf			
	1	2	3	4
a	I C^7	I C^7	I C^7	I C^7
	Ruf-Wiederholung			
	5	6	7	8
a	IV F^7	IV F^7	I C^7	I C^7
	Antwort			
	9	10	11	12
b	V G^7	IV F^7	I C^7	I C^7

Beim Musizieren, insbesondere beim Improvisieren, wird das Bluesschema mehrfach aneinander gereiht. Ein Ablauf, eine Einheit (meist Taktanzahl mit Harmoniegerüst, hier also die zwölf Takte), bezeichnet der Musiker als **Chorus** (engl. = Refrain). Grundlage eines Chorus kann natürlich auch eine Popmelodie oder ein Rocktitel sein.

Die harmonische Grundlage im Bluesschema bilden die drei Hauptdreiklänge Tonika, Subdominante und Dominante bzw. die Stufen I, IV und V. Es fällt auf, dass im Gegensatz zur Harmonik unserer Volkslieder die Dominante nur einmal (Takt 9) auftritt.
Eine Besonderheit stellt die dem Akkordsymbol hinzugefügte 7 (= kleine Septime) dar, über die noch ausführlich zu sprechen sein wird.

Backwater Blues (aus den USA)

Zur Verdeutlichung der Form sind die Takte 4 und 8 geteilt (Auftakte!).

260 **CD** Track 76: Im Hörbeispiel wird die Bluesform wiederholt. Als Überleitung zum zweiten Chorus erklingt in Takt 12 die Dominante. Improvisiere dazu – beachte, dass du je nach Stimmung deines Instruments eventuell transponieren musst; unsere Tonart ist C-Dur.

Im *Backwater Blues* und im oben abgedruckten Beispiel findet sich eine weitere Besonderheit: In C-Dur treten die Töne es und b auf. Es handelt sich um eine Blues-Spezifik, um **Blue Notes.** Als die versklavten Afrikaner auf amerikanischem Boden mit der europäischen Musik konfrontiert wurden, traf die in Teilen Afrikas verbreitete Pentatonik auf das Dur-Moll-System. Die für unser melodisch-harmonisches Verständnis wichtige große Terz (III. Stufe) und der Leitton (VII. Stufe) wurden dabei – vereinfacht gesagt – zur kleinen Terz und zur kleinen Septime. Man kann diese Entwicklung anhand von frühen Blues- und Spiritual-Aufnahmen verfolgen, in denen die Sänger meist sehr frei zwischen großer und kleiner Terz bzw. Septime singen – *dirty* (engl. = schmutzig, unsauber) nennt man das. Auch auf der Gitarre und der Mundharmonika, den typischen Instrumenten der Bluessänger, wurden diese Töne entsprechend „gezogen". Erst als man den Blues zunehmend auf dem Klavier mit den vorgegebenen, exakt gestimmten Tonhöhen spielte (Boogie-Woogie), wurden auch die Blue Notes zu festen Intervallgrößen.
Heute gibt es neben kleiner Terz und kleiner Septime noch eine dritte Blue Note, die verminderte Quinte, die so genannte *flatted fifth* aus der Bebop-Zeit (über dieses Intervall sprechen wir auf Seite 123 noch ausführlich).

261 Bestimme im Blues-Beispiel aus Aufgabe 259 die Blue Notes.

262 Transponiere schriftlich den *Backwater Blues* nach F-Dur und nach E-Dur. Singe auf Notennamen.

263 Nenne die Blue Notes (k3/k7) in D-Dur, F-Dur, A-Dur und B-Dur.

264 **CD** Track 77: Melodiediktate mit Blue Notes.

Die Blue Notes bekommen auch harmonische Bedeutung, weil sie den Durdreiklängen der Hauptfunktionen hinzugefügt werden. Deshalb steht unter unseren Notenbeispielen nicht als Tonika C sondern C^7, nicht als Subdominante F sondern F^7. Dieser mit der Blue Note k7 erweiterte Dreiklang heißt **Blue Chord.**

Blue Chords in C:

▶ Beachte: Blue Chords sind *keine Dominantseptakkorde,* sie werden nicht aufgelöst.

Wer also seinen Blues begleiten will, der spiele nicht einfach Durdreiklänge, sondern würze sie wie eben besprochen.

265 Notiere die Blue Chords auf den Stufen I, IV und V in G-, A-, B- und E-Dur.

Zurück zur Melodie. Wenn du die beiden abgedruckten Blues-Beispiele auf den verwendeten Tonvorrat untersuchst, ergibt sich die Tonreihe c–es–f–g–b. Kommt dir das bekannt vor?
Blues-Melodik basiert auf **Pentatonik** (wiederhole das Kapitel in Heft 2 ab Seite 86), genauer gesagt auf der so genannten *Moll-Pentatonik.* In dieser Reihe sind (mit c beginnend) die beiden Blue Notes es und b enthalten (man kann diese Tonfolge auch als Umstellung der Dur-Pentatonik über Es deuten).

Dur-Pentatonik Es: Moll-Pentatonik C:

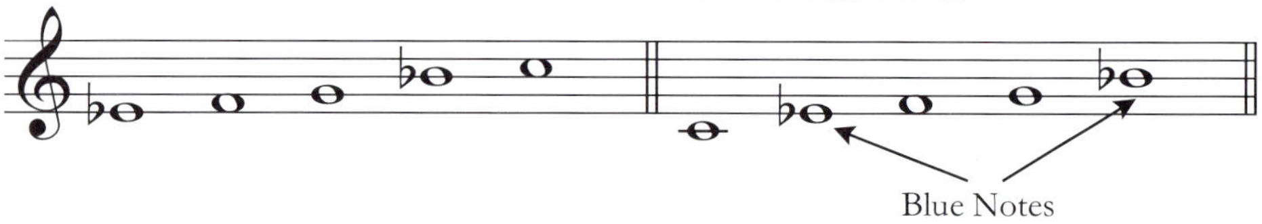

Mit den Tönen der pentatonischen Mollreihe kann also stilgerecht Blues improvisiert werden.
Ehe du damit beginnst, löse noch zur Vorbereitung die folgende Aufgabe.

266 Bilde die Moll-Pentatonik über den Tönen a, g, e und b. Singe auf Notennamen.

267 Analysiere im Blues Tonmaterial, Offbeats und Form. Singe und spiele.

Blues and Trouble (aus den USA)

Nicht alle Blues-Lieder verlaufen in dem erarbeiteten Schema. Auch der Blues unterlag und unterliegt vielen Einflüssen und Wandlungen. Gerade im Ursprungsland, den USA, erneuerten und bereicherten namhafte Jazzmusiker immer wieder das ursprüngliche Grundgerüst. So gibt es Abweichungen in der Taktzahl, in der Harmonik (vgl. *Midnight Special,* Aufgabe 255) und im Tongeschlecht (Moll-Blues, vergleiche *St. James Infirmary,* Aufgabe 256).
Besonders der Tonvorrat lässt sich nicht so einfach auf die Moll-Pentatonik reduzieren. Die oft zitierte *Bluestonleiter* existiert nur in Lehrbüchern, die Praxis ist vielgestaltiger. Die melodischen Zusatztöne sind hauptsächlich die dritte Blue Note (v5) und die noch fehlenden Töne der Durtonleiter. So gibt es viele Blues, in denen kleine und große Terz, aber auch kleine und große Septime aufeinandertreffen.

Zwei Modelle zur Bluestonleiter:

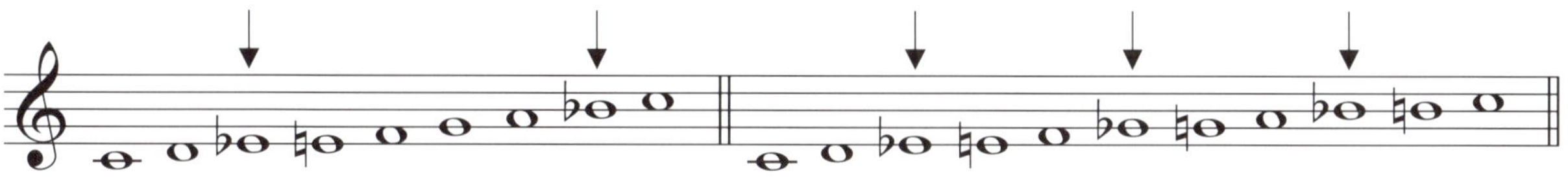

268 Analysiere Tonmaterial und Form. Harmonisiere den Blues. Singe und spiele, improvisiere.

Frankie and Johnny (Blues)

Zusatzfrage: Warum steht am Ende ein leerer Takt – Platzverschwendung oder Notwendigkeit?

269 **CD** Track 78: Melodiediktate

270 Versuche selbst, Blues-Themen zu erfinden, nutze das innere Gehör. Singe und spiele sie. Notiere die, die dir am besten gefallen.

Abschließend ein Hinweis zur Blues-Begleitung. Es handelt sich hierbei um die so genannte Ostinato-Technik. **Ostinato** (ital. = beharrlich, wiederkehrend) bedeutet im musikalischen Sinne eine sich ständig wiederholende Figur. Als Blues-Bass läuft eine gleichbleibende Bass-Pattern, die sich dem Harmoniewechsel anpasst. Verbreitet ist die Boogie-Woogie-Linie (in Oktaven) mit vielen Abwandlungen.

271 Harmonisiere. Transponiere den Boogie-Bass in alle gebräuchlichen Tonarten.

272 Spiele die Bass-Ostinati im Bluesschema. Transponiere in alle gebräuchlichen Tonarten. Finde weitere Varianten.

Ein wenig Body Percussion

Unter **Body Percussion** versteht man den Einsatz des eigenen Körpers als Rhythmusinstrument. Es ist ja erstaunlich, wie differenziert die einzelnen „Schlagflächen" klingen können – probiere es aus!

♫ Ein Vorschlag: Tritt am Ort oder gehe (Schritt = Grundschlag Viertel). Klatsche dazu die Achtelrhythmen in den folgenden Übungen mit beiden Handflächen oder nur mit den Fingern seitlich auf den Bauch, auf die Oberschenkel oder auf andere Stellen. Wer seinen Körper schonen möchte, kann selbstverständlich mit beiden Händen auf die Tischplatte trommeln und mit den Füßen wippen. Übe mit innerer Spannung, aber ohne Verkrampfungen. Achte auf ein gleichmäßiges, vorerst nicht zu schnelles Tempo. Es geht um die Ausführung von **Komplementärrhythmen,** also um zwei sich ergänzende Rhythmusstimmen.

Zunächst einige einfache Übungen zur Koordination, zur Einheit von Metrum und Schlag. Zum besseren Erfassen sind Noten und Pausen einheitlich als Achtel notiert. Wiederhole anfangs jeden

Takt, bis du eine gewisse Sicherheit erreicht hast. Später kannst du auch bewusst mit *accelerando* (ital. = schneller werdend) und *ritardando* (ital. = langsamer werdend) üben.

273 Klopfe.

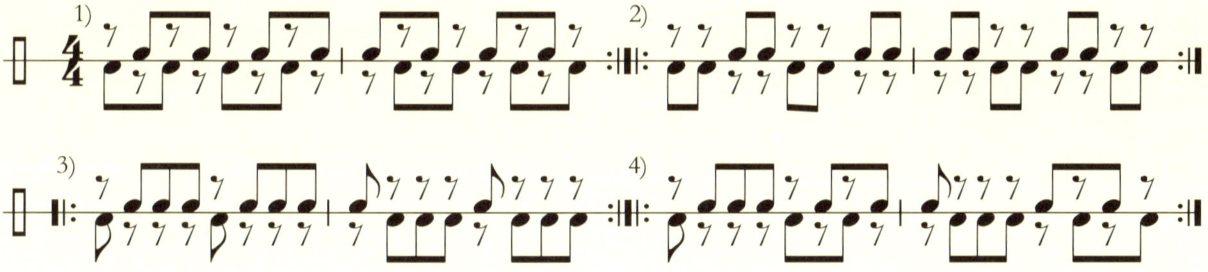

... nun etwas abwechslungsreicher und komplizierter, wiederhole dazu Aufgabe 12, nun mit „Körpereinsatz“. Aufgabe 274 enthält bereits einige Schläge, die mit beiden Händen ausgeführt werden. Eine leichte Akzentuierung der Eins und Drei ordnet unseren Rhythmus. Wenn die Einzeltakte „laufen“, klopfe mehrere, schließlich alle Takte hintereinander.

274 Klopfe.

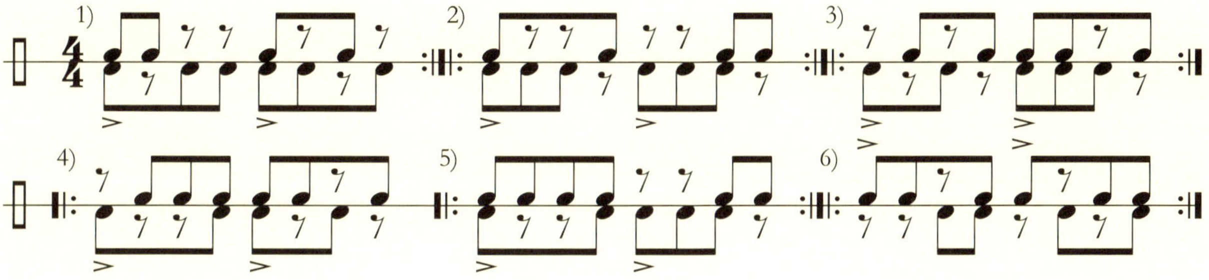

Aus dem Viervierteltakt wird in der folgenden Übung ein **Achtachteltakt** mit anderen Betonungsverhältnissen. Die Gruppierung der Achtel basiert nunmehr auf *Zweier- und Dreiereinheiten innerhalb eines Taktes*. Pass auf, wenn du bei diesen Übungen im Metrum gehen möchtest: Der gerade „Marschgang“ muss wegen der Zweier-/Dreierkombinationen einem ungleichen „Schaukelschritt“ weichen.

275 Beachte die Aufteilung der Achtel (übertreibe anfangs die Akzente) und klopfe. Steigere das Tempo.

1) 3 + 3 + 2

2) 3 + 2 + 3

3) 2 + 3 + 3

276 Erarbeite Rhythmus und Metrum (in Zweitaktgruppen) mit dem inneren Gehör. Dann klopfe langsam beginnend mit der einen Hand das Achtel-Metrum, mit der anderen den Rhythmus. Singe den Rhythmus auf Silben und klopfe dazu die Taktschwerpunkte (1–4–6).
Erarbeite schließlich die Melodie (kontrolliere mit deinem Instrument). Singe und klopfe dazu die Taktschwerpunkte.

Melodie vom Balkan

In unserem letzten Abschnitt geht es um Rhythmen in Fünfer- und Siebener-Metren.

277 Beachte die Gruppierung der Achtel. Klopfe, nimm die Akzentuierung immer mehr zurück.

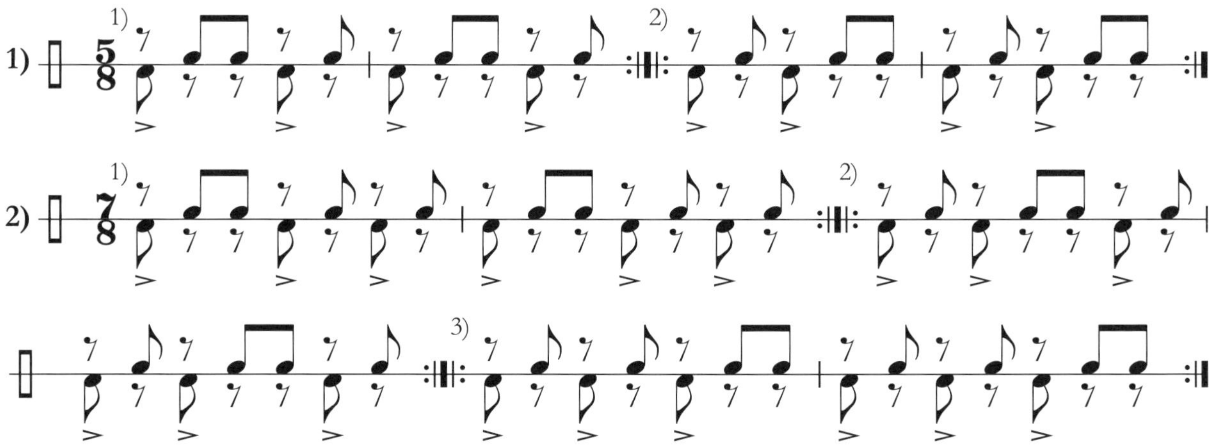

Diese für uns ungewohnten, aber interessanten Metren bilden die Grundlage für viele Tänze und Lieder im Südosten Europas. Sie haben **Taktarten mit ungleichmäßigen Zählzeiten,** sind unregelmäßig zusammengesetzt: einerseits aus dem normalen Viertel (= zwei Achtel), andererseits aus dem so genannten *gedehnten* Viertel (= drei Achtel). Das Tempo der Tänze, z. B. auf dem Balkan, ist oft so schnell, dass man unmöglich Achtel zählen kann. Das empfundene Metrum setzt sich so aus Vierteln und punktierten (= gedehnten) Vierteln zusammen.

▶ Beachte, dass das gedehnte Viertel keine Triole ist.

278 Ordne den Rhythmen in Aufgabe 277 die entsprechenden Zählzeiten zu, notiere die akzentuierte Unterstimme ohne Pausen mit Viertel bzw. Viertel punktiert.

279 Bestimme das Metrum. Klopfe den Melodierhythmus, dazu vorerst den Achtel-Grundrhythmus (beginne langsam), dann dem Metrum entsprechend normale Viertel bzw. gedehnte (punktierte) Viertel. Singe und spiele.

Tanzlied aus Bulgarien

Zusatzaufgabe: Ordne die Töne zu einer Tonleiter und stelle die Schrittfolge fest. Was fällt dir auf?

Eine neue Aufgabenstellung: Finde zu dem folgenden griechischen Kalamatianos eine einfache **perkussive Begleitung** (Händeklatschen, Klopfen oder Ähnliches). Das Grundmetrum 3 + 2 + 2 sollte deutlich hervortreten.

♫ Zum Vorgehen:

- Erarbeite mit dem inneren Gehör Rhythmus und Metrum.
- Klopfe Rhythmus und Metrum kombiniert (nicht zu schnell).
- Erarbeite abschnittweise die Melodie, beachte die die Phrasen kennzeichnenden Striche.
- Höre erst dann das Tonbeispiel auf der CD an.
- Singe, lerne die Melodie möglichst auswendig.

280 **CD** Track 79: Höre mehrmals die Melodie an. Finde zum Tanz eine einfache, rhythmisch stützende (perkussive) Begleitung. Singe dazu.

Yerakina (aus Griechenland)

Die letzten Takte werden meist zweistimmig musiziert, wähle selbst eine Stimme aus.

Besorge dir, wenn dir diese Rhythmen gefallen, eine CD mit griechischer oder bulgarischer Folklore und versuche das Taktschema der einzelnen Lieder und Tänze zu erkennen – keine einfache Aufgabe, mehrfaches Anhören ist dazu meist notwendig.

Taktwechsel mit verändertem Grundschlag

Im folgenden Lied gibt es **Taktwechsel,** wobei der *Viertel-Grundschlag* konstant bleibt. Anders gesagt: Wir zählen durchgängig Viertel, lediglich die Anzahl der Viertel verändert sich von Takt zu Takt.

281 Verdeutliche dir den metrischen Verlauf. Klopfe, markiere leicht den Taktschwerpunkt (1. Zählzeit). Singe und spiele.

Komm zum Tanze (aus Ungarn)

Der Taktwechsel im ungarischen Lied wird kaum Schwierigkeiten bereiten, weil sich der Grundschlag, die Zählzeit, nicht verändert. Komplizierter wird es, wenn auch die Grundschlageinheit wechselt, wenn Vierteltakte und Achteltakte kombiniert sind. Wir sprechen dann vom **Taktwechsel mit voneinander abweichenden Grundschlägen.** Dazu einige Vorübungen.

282 Klopfe langsam, zähle anfangs durchgängig Achtel. Klopfe mit der anderen Hand die Takt-Eins dazu.

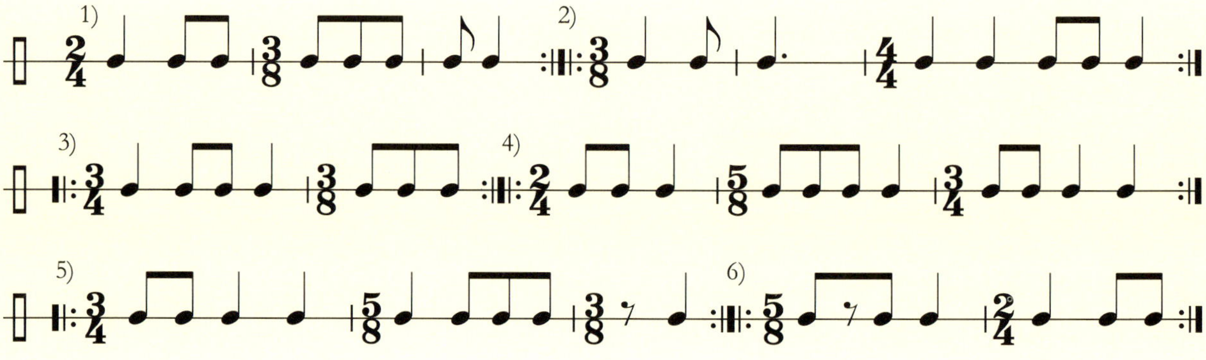

Das folgende *Nachtigallen-Lied* erhält in mehreren Variationen (Aufgaben 284–286) einen rhythmisch-metrisch veränderten Ablauf. Lerne das Original auswendig, damit du diese Abweichungen erkennst.

283 Klopfe. Singe und spiele.

Nachtigall, ich hör dich singen

Einige Hinweise zum Üben:

- Übe den Melodierhythmus langsam und zähle vorerst durchgängig Achtel.
- Betone leicht jede Eins.
- Halte das Tempo exakt ein, übe mit Metronom (= Achtel).
- Steigere allmählich das Tempo, aber lass keine Fehler zu.
- Erarbeite dann die Tonfolge der Melodie (noch ohne Rhythmus).
- Singe abschließend im Rhythmus und klopfe die Takt-Einsen dazu.

Zur ersten Variation: In den Takten 2, 4 und 6 wird das Achtel zum Grundschlag. Versuchs doch einfach mal! In keinem Fall dürfen die Achteltakte wie Triolen klingen (ein häufiger Fehler!).

284 Klopfe und singe.

Eine zweite Variation. Wenn es holpert, dann übe erst in kleinen Einheiten (z. B. Zwei-Takt-Gruppen mehrfach wiederholen). Der eingefügte 6/8-Takt (Takt 8) sollte keine zusätzliche Schwierigkeit bereiten, denke dir zwei 3/8-Takte.

285 Klopfe und singe.

Betrachte, wenn du mit dem Rhythmus in Variation 2 vertraut bist, jede Drei-Achtel-Einheit als *gedehntes Viertel* (siehe Seite 108) und empfinde nun als Grundschläge Viertel bzw. Viertel punktiert.

Versuche die dritte Variation zu erarbeiten.

286 Klopfe und singe.

Die Intervalle über dem Oktavraum

Die Intervalle innerhalb des Oktavraums haben wir schon mehrfach geübt. Natürlich kann der Abstand zweier Töne auch größer als eine Oktave sein – das ist im Lied selten, in der Instrumentalmusik jedoch häufiger. Die folgende Übersicht zeigt dir alle Tonabstände innerhalb der Doppeloktave und die Bezeichnungen dafür. Zum besseren Verständnis sind die Abstände *innerhalb der Oktave* und die *über die Oktave hinaus* untereinander gedruckt.

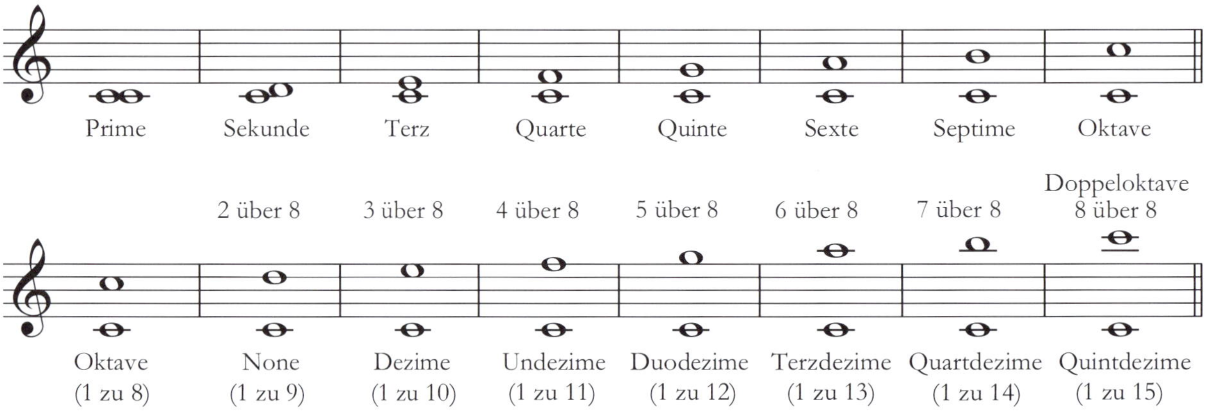

Die Grundformen wiederholen sich:

- 1/8, 4/11, 5/12 und 8/15 sind reine Intervalle,
- 2/9, 3/10, 6/13 und 7/14 können als große oder kleine Intervalle auftreten.

Einige dieser „Monster"-Intervalle brauchen wir für die Terz-„Türme" in der Akkordsymbolschrift (siehe Seite 129), aber da hilft schon, wenn man weiß, dass z. B. die 11 eine r4 über der 8 ist.

Präge dir die **None** ein, die Sekunde über der Oktave, eventuell noch die **Dezime,** aber alles andere kannst du im Bedarfsfall oben nachschlagen.
Ein vielleicht bekannte Merkhilfe zur None findet sich am Anfang des Matrosenchores aus *Der fliegende Holländer* von Richard Wagner.

▶ Viel wichtiger als sich diese Namen zu merken ist, dass das *Intervalltraining von Prime bis Oktave möglichst regelmäßig* stattfindet, nun zunehmend im Zusammenklang, also simultan.

Übungen im plagalen Oktavraum

Unsere melodischen Übungen im Oktavraum folgten bisher dem Tonleiterverlauf entsprechend vom Grundton (1) bis zu dessen Oktave (8). Viele Melodien haben andere Rahmentöne, verbreitet ist die Folge von der Unterquarte (5) bis zur Quinte (5). Der Grundton bleibt unverändert (siehe auch Heft 2 ab Seite 81).

Tonraum 1–8: Tonraum 5–5:

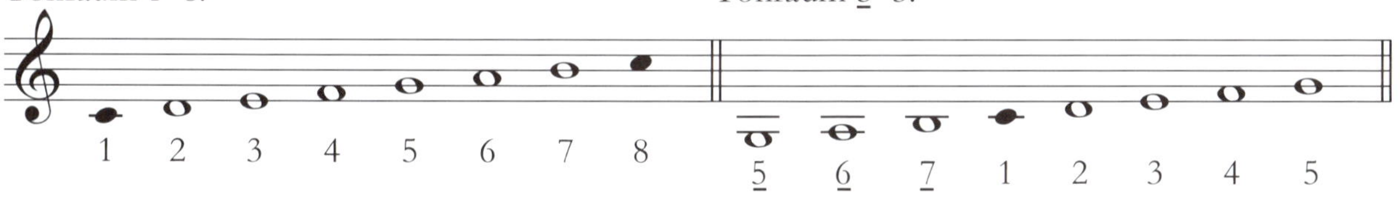

Hinweis: Um anzugeben, dass es sich um Stammtöne des unteren Oktavbereichs handelt, werden die Zahlen einfach *unterstrichen* (wäre es der obere Oktavbereich, dann würde der Strich *über* der Zahl stehen).

Vergleiche die folgenden Melodien – beide stehen in C-Dur, beide haben also den gleichen Grundton c, beide bleiben im Oktavumfang, aber sie unterscheiden sich in der Anordnung der Töne, in der Stellung des Grundtons.

Für die Wissensdurstigen: Tonraum 1–8 (Beispiel a) nennt man **authentisch** (griech. = echt), Tonraum 5–5 (Beispiel b) nennt man **plagal** (griech. = abgeleitet).

287 Singe und spiele. Bestimme den Grundton.

Es, es, es und es

Zusatzaufgabe: Singe auf Notennamen und spiele das Lied in Ges-Dur (denke dir die Vorzeichen vor den entsprechenden Tönen; fis wird zu f). Notiere im Bassschlüssel.

(zu **287**)

Billy McGee (aus Irland)

Zusatzaufgabe: Singe auf Notennamen und spiele in Fis-Dur (denke dir die Vorzeichen vor den entsprechenden Tönen; b wird zu h). Notiere im Violinschlüssel.

288 Ergänze aus dem Gedächtnis. Stimmen Anfangston und Grundton überein (durchsingen!)?

Happy Birthday (Mildred Hill)

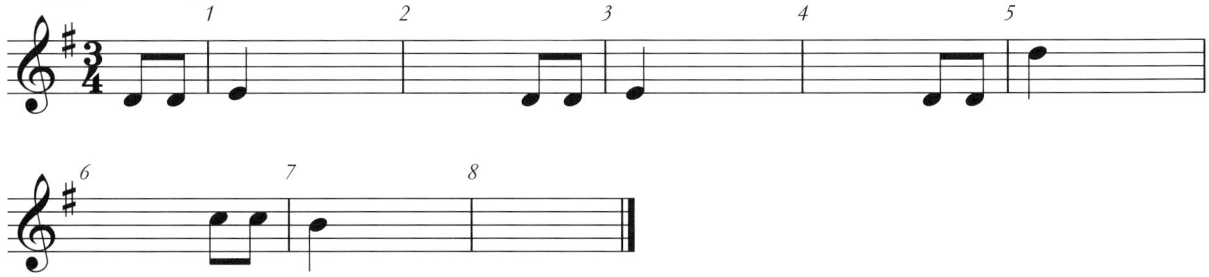

289 **CD** Track 80: Lückendiktat. Höre das Lied mehrfach an, bestimme die Form. Merke dir den Grundton und den Dreiklang mit der Unterquarte. Lerne die Melodie auswendig. Ergänze erst dann die Lücken im gedruckten Beispiel.

Die güldene Sonne (Georg Ahle)

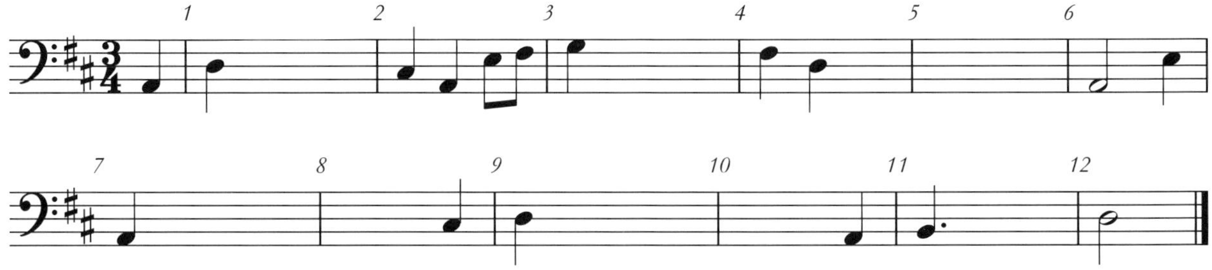

Dem Tonraum <u>5</u>–5 begegnen wir auch in Moll.

Moll-Tonraum 1–8: Moll-Tonraum <u>5</u>–5:

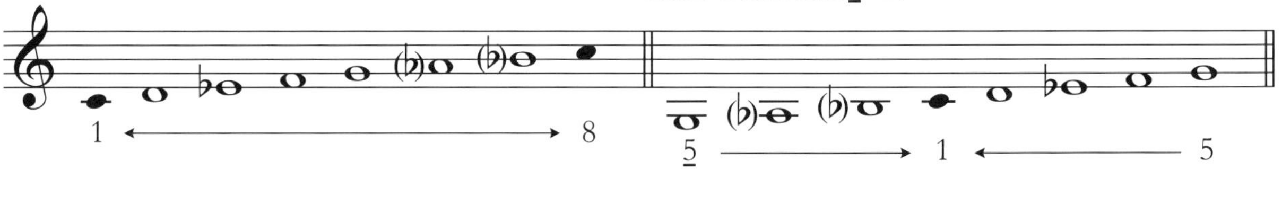

290 Singe und spiele. Bestimme den Grundton.

Bei stiller Nacht (Friedrich von Spee)

Zusatzaufgabe: Singe und spiele das Lied in gis-Moll (denke dir Vor- und Auflösungszeichen vor den entsprechenden Tönen). Notiere im Bassschlüssel.

Aus Irland

Zusatzaufgabe: Singe und spiele in f-Moll (denke dir Vor- und Auflösungszeichen vor den entsprechenden Tönen). Notiere im Violinschlüssel.

291 **CD** Track 81: Übertrage den Refrain des englischen Weihnachtsliedes in Noten. Beginne mit c^1. Erkenne Tonart und Metrum.

Zweistimmige Melodien

Rhythmen haben wir schon öfters zweistimmig auf beide Hände verteilt geklopft und notiert, nun soll zur **Melodie** eine **zweite Stimme** gefunden, gesungen und gehört werden.

Am Anfang steht die so genannte *volkstümliche Zweistimmigkeit,* die du vielleicht kennst und schon ausprobiert hast. Zur Melodie wird in Parallelführung (siehe Seite 28) die **Terz** hinzugefügt (ein Beispiel dafür findet sich im griechischen Lied auf Seite 109). Für diese Aufgaben wäre es gut, wenn du verschiedene Möglichkeiten auf einem Tasteninstrument ausprobieren könntest, denn der Klangeindruck überzeugt letztlich am meisten.

Wenn man sich mehr oder weniger von Terz und Sexte löst und der zweiten Stimme eine eigenständige Melodik gibt, wird der Satz lebendiger und klanglich interessanter. Auch sich reibende Intervalle *(Dissonanzen)* können durchaus auftreten, sie sollten sich allerdings an den harmonisch-metrischen Schwerpunkten auflösen *(Konsonanzen).* Ein weiteres Vertiefen dieser Thematik kann hier leider nicht erfolgen, aber in Liederbüchern findest du zahlreiche zweistimmige Sätze für das Selbststudium.

295 Beschreibe den unterschiedlichen Verlauf der zweiten Stimme in den ersten Takten des Liedes *Stehn zwei Stern am hohen Himmel.* Spiele und singe.

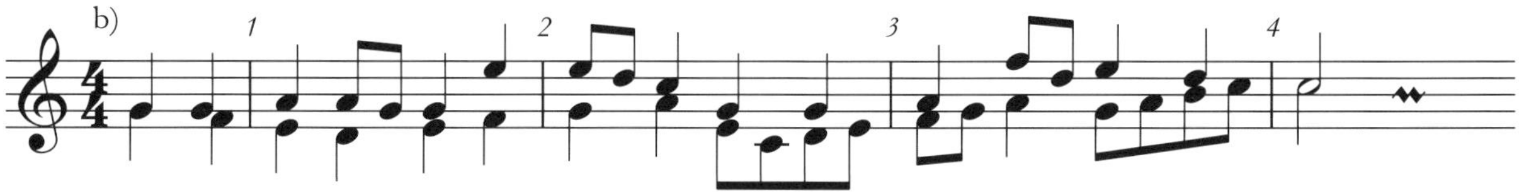

Höre, singe und notiere zu den abgedruckten Liedanfängen die zweite Stimme.

296 **CD** Tracks 82–85: Höre jeden Track mehrmals, singe die zweite Stimme mit, dann notiere sie.

Track 82: Grüß Gott, du schöner Maien

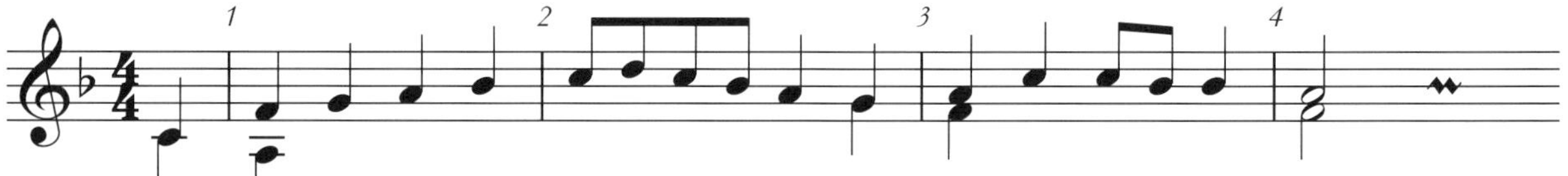

Track 83: Wie lieblich schallt (Friedrich Silcher)

Track 84: Im schönsten Wiesengrunde

Track 85: Ännchen von Tharau

297 **CD** Track 86: Höre und vergleiche mit den Noten. Auf der CD ist ein Satz mit Abweichungen in der zweiten Stimme zu hören. Benenne die Fehler.

Sur le pont d'Avignon (aus Frankreich)

Von großen und kleinen Triolen

Wir kennen die **Achteltriole** – drei Triolenachtel stehen für zwei „normale" Achtel, das heißt, Ausgangswert ist eine Viertelnote.
Aber die Triole kann auch in anderen Notenwerten auftreten. Für uns ist dabei nur das Notenbild neu, die rhythmische Ausführung bleibt unverändert, wie die nebenstehende Übersicht zeigt.
Und wieder gilt, dass ein kompliziert aussehendes Notenbild durch Verdopplung oder Halbierung der Notenwerte besser lesbar werden kann.
Als Beispiel dient der Anfang des bekannten mexikanischen Liedes *La Paloma,* zunächst mit der bekannten **Achteltriole** im 2/4-Takt (Beispiel a).

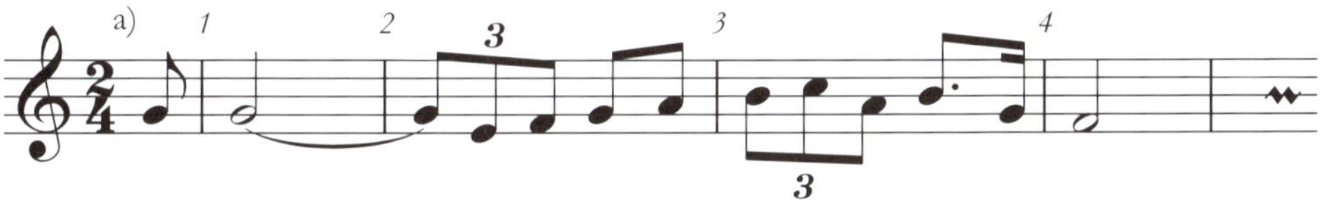

Im 2/2-Takt (auch 4/4-Takt) notiert ergeben sich **Vierteltriolen** (Beispiel b).

▶ Achtung! Die Triole hört man oft (swingend) zur Synkope umgesungen.

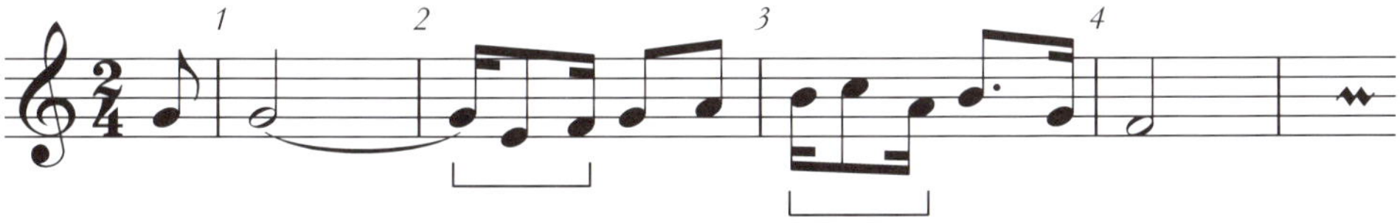

298 Singe und spiele die ersten vier Takte oder das gesamte Lied *La Paloma* rhythmisch exakt wie in Beispiel a bzw. b vorgegeben. Singe und spiele dann in der synkopierten Fassung: zunächst *binär* ausgeführt (z. B. im Tango-Rhythmus), dann in swingender, *ternärer* Spielweise – wiederhole dazu das Kapitel „Der Beat".

299 Klopfe die Übungen mit Vierteltriolen (zähle auch im langsamen Tempo Halbe). Notiere beide Übungen in halbierten Notenwerten im 2/4-Takt.

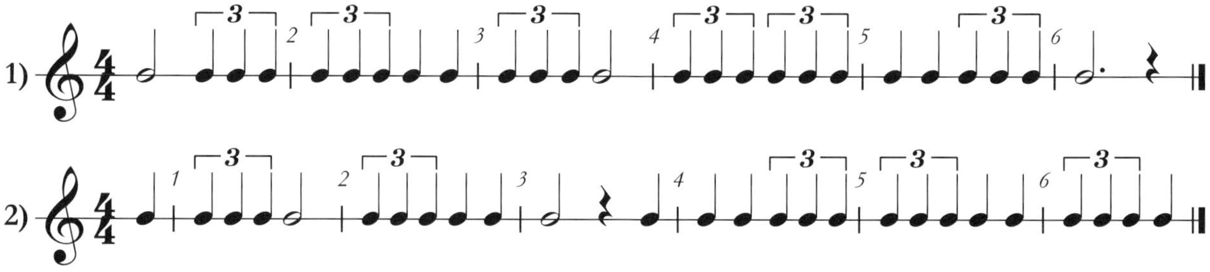

300 Klopfe, erarbeite den Rhythmus zunächst exakt nach Notierung. Singe und spiele dann triolisch.

Sometimes I Feel Like a Motherless Child (Spiritual)

Verdoppeln wir den Notenwert in der Triole nochmals, so ergibt sich aus der Vierteltriole eine **Halbetriole,** die in der Praxis jedoch seltener auftritt.

301 Klopfe die Übungen mit Halbetriolen, zähle Ganze. Notiere die Übungen mit halbierten Notenwerten im 2/4-Takt.

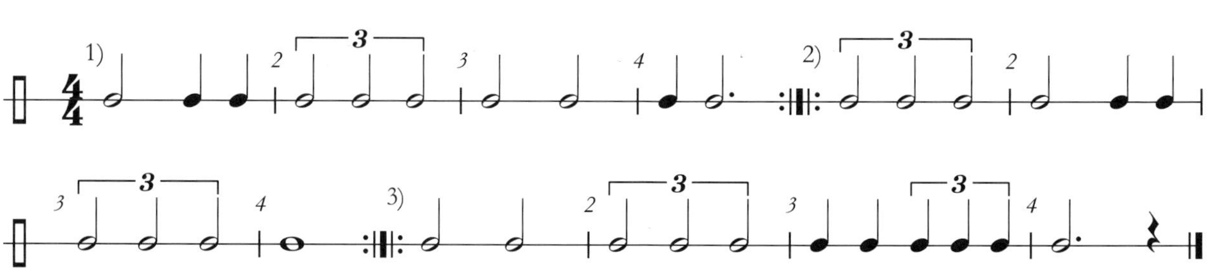

Weit häufiger erscheint die **Sechzehnteltriole.** Das Notenbild wirkt auf den ersten Blick durch die vielen kleinen Notenwerte oft unübersichtlich und kompliziert. Die richtige Notierung (Verbalkung) ist wichtig. Wenn du auf Probleme bei der Ausführung dieser Figur stößt, so verdopple (gedanklich) alle Notenwerte.

302 Klopfe die Übungen mit Sechzehnteltriolen, zähle Achtel, später auch Viertel.

Zusatzaufgabe: Notiere Übung 3 im 4/4-Takt, verdopple die Notenwerte.

303 Erarbeite den Rhythmus der beiden Melodien. Klopfe (exakt im Takt) und singe.

Habanera aus *Carmen* (George Bizet)

El Choclo (Angel Gregorio Villoldo)

Bésame mucho ist ein lateinamerikanischer Bolero (Beguine), dessen Melodie von einer Rhythmusgruppe mit Perkussionsinstrumenten begleitet wird.

304 Klopfe zunächst den Melodierhythmus exakt, mit der anderen Hand gleichmäßig den Viertel-Grundschlag. Dann singe und spiele, markiere dazu den Grundschlag.

Bésame mucho (Consuelo Velasquez)

Zusatzaufgabe: Fertige eine Harmonieanalyse an (betrachte E^7 in den Takten 9/10 als Em).

Das Begleitmuster (engl. = *Pattern*) zu *Bésame mucho* umfasst zwei Takte, die ständig wiederholt werden. Vier Stimmen sind ausgeschrieben; finde passende Perkussionsinstrumente und begleite die Melodie. Spiele als Abschluss (Takte 15/16) die **Coda** (ital. = Schluss). Der Klangreiz ergibt sich aus der Überlagerung der unterschiedlichen Rhythmen in Melodie und Perkussion – der Musiker spricht von **Polyrhythmus** (poly, griech. = viel), siehe dazu auch in Heft 2 die Seiten 17/18.

305 16 Takte Begleitrhythmus zu *Bésame mucho.* Klopfe jede Stimme einzeln. Singe oder spiele dazu die Melodie (genau im Takt).

2-Takt-Pattern sieben Mal wiederholen — Coda (Takte 15/16)

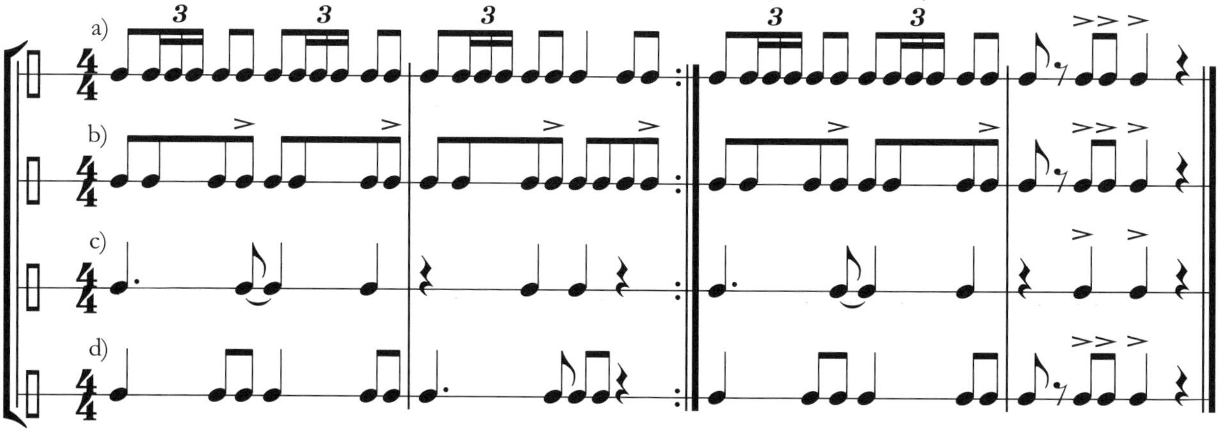

Besetzungsmöglichkeiten: a) Bongos, hohe Trommel, b) Maracas, Cabaza (Schüttelinstrumente), c) Claves (Klanghölzer), d) Conga, tiefe Trommel

Übermäßige und verminderte Quinte

Dur- und Molldreiklang bauen sich aus großer und kleiner Terz auf, das Rahmenintervall ist in beiden Fällen die reine Quinte. Was ergibt sich aber, wenn zwei große Terzen übereinander geschichtet werden? Oder zwei kleine Terzen? Probieren wir es.

Bei zwei großen Terzen *vergrößert* sich das Rahmenintervall, aus der reinen Quinte f–c wird durch *Erhöhen* des oberen Tones c zu cis die **übermäßige Quinte** (kurz: ü5) f–cis.

Bei zwei kleinen Terzen *verkleinert* sich das Rahmenintervall, durch *Erniedrigen* des oberen Tones c zu ces entsteht die **verminderte Quinte** (kurz: v5) f–ces.

306 **CD** Track 87: Höre und singe die übermäßige und die verminderte Quinte im Vergleich mit der reinen Quinte. Singe die Intervalle auch von anderen Tönen aus.

Aber auch durch Veränderung – das Fachwort dafür lautet **Alteration** (aus dem Lateinischen = Änderung) – des unteren Intervalltons kann die Quinte übermäßig oder vermindert werden. Hier gilt es in besonderem Maße sich die Raumvergrößerung bzw. -verkleinerung vorzustellen. Es hilft auch, die Töne (gedanklich) auf der Klaviatur zu greifen und zu beobachten, wie sich die Dehnung der Fingerstellung verändert (übertreiben!).

Alle Möglichkeiten im Überblick:

Alteration des oberen Tones: Alteration des unteren Tones:

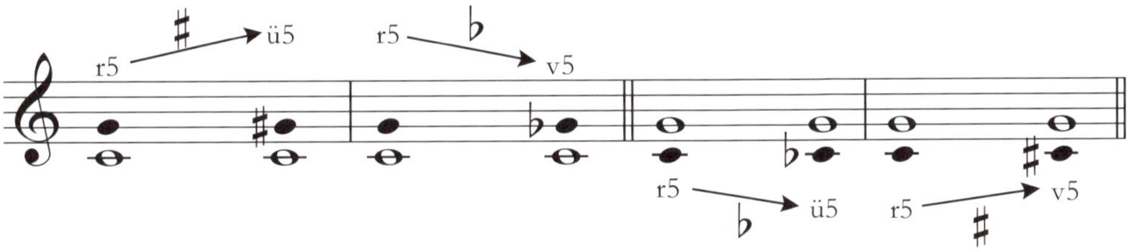

Hier zur Verdeutlichung noch eine bildliche Darstellung über c¹ und unter c²:

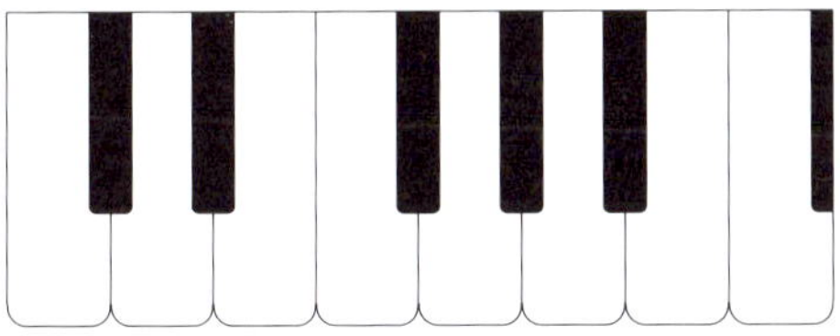

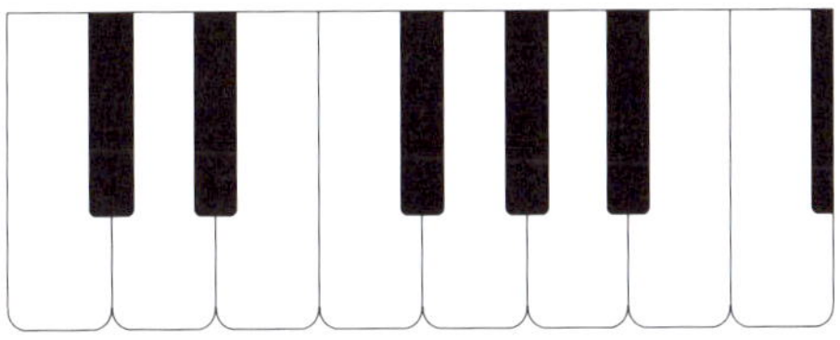

ü5: c – gis

r5: c – g

v5: c – ges

ü5: fes – c

r5: f – c

v5: fis – c

307 Bestimme die Quinten. Beachte die Doppelversetzungen. Singe.

308 Bilde die Quinten. Singe.

▶ Die enharmonische Umdeutung ist hier nicht erlaubt, weil sie zu einem anderen Intervall führt.

In Beispiel a oberer Ton:
cisis zu d – anstelle ü5 entsteht k6.
In Beispiel b oberer Ton:
deses zu c – anstelle v5 entsteht ü4.

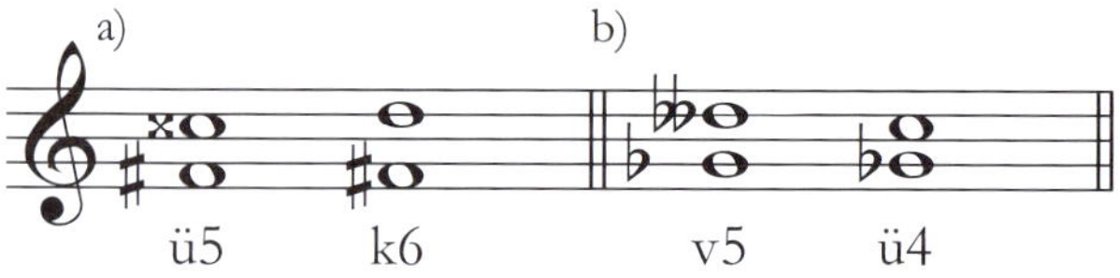

Der Tritonus

Im letzten Notenbeispiel des vergangenen Kapitels erscheint die Abkürzung ü4 – eine übermäßige Quarte? In der Tat, auch alle anderen Intervalle gibt es in der übermäßigen und verminderten Form.

Zu **übermäßigen Intervallen** können alle *reinen* und *großen* Intervalle werden, wenn man entweder den oberen Ton erhöht oder den unteren Ton erniedrigt, also den Zwischenraum erweitert.
Zu **verminderten Intervallen** können alle *reinen* und *kleinen* Intervalle werden, wenn man entweder den oberen Ton erniedrigt oder den unteren Ton erhöht, also den Zwischenraum verkleinert.

Belassen wir es bei diesen Merksätzen, denn in der Musizierpraxis begegnen uns diese komplizierten Intervalle kaum. Ausnahmen bilden die schon besprochenen alterierten Quinten und der Tritonus.

Das Wort **Tritonus** kommt aus dem Griechischen und bedeutet *Dreitonschritt.* Gehen wir vom Ton c drei Ganztonschritte aufwärts, so kommen wir zum Ton fis. Der Tritonus ist also eine übermäßige Quarte. Die Musiktheoretiker des Mittelalters hoben drohend die Hand, wenn vom Tritonus gesprochen wurde. Nach ihren Hörgewohnheiten war er der *diabolus in musica,* der *Teufel in der Musik,* eine besonders kräftige Dissonanz. Hören wir uns dieses „Teufelchen" etwas genauer an.

Es gibt ein markantes Hör- und Singebeispiel für den Tritonus – das bekannte Maria-Motiv aus der *Westside Story* von Leonard Bernstein: fis als unterer chromatischer Vorhalt zur Quinte g.

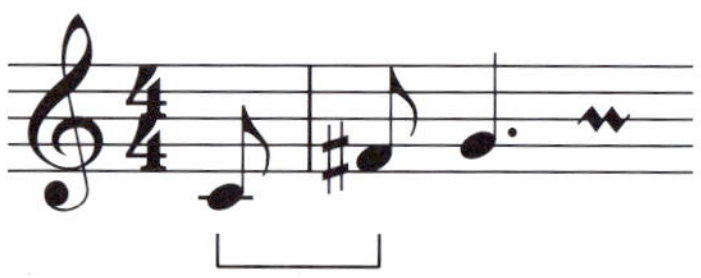

309 **CD** Track 88: Höre und singe den Tritonus. Singe das Intervall auch von anderen Tönen aus.

Um den Tritonus über c zu bilden, bist du vorhin drei Ganztonschritte aufwärts gegangen. Nun gehe von c drei Ganztonschritte abwärts – nimm die Klaviatur zu Hilfe. Erstaunlich, du landest an der gleichen Stelle – nicht ganz, denn wir müssen fis zu ges enharmonisch umdeuten. Der Tritonus halbiert die Oktave.

Das Komplementärintervall (die Intervallumkehrung) der Quarte ist die Quinte. Beide ergänzen sich zur Oktave. Wie ist das mit der übermäßigen Quarte? Sie ergänzt sich mit der verminderten Quinte zur Oktave. „Enharmonische Formel“: ü4 = v5.

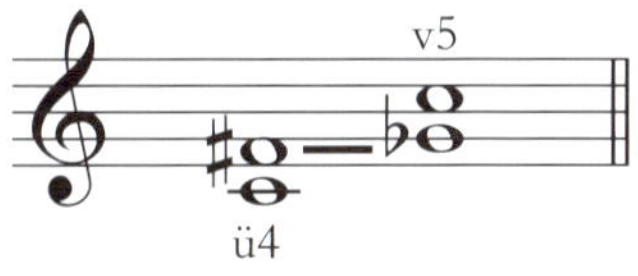

Tatsächlich werden heute beide Intervalle (ü4 und v5) umgangssprachlich als Tritonus bezeichnet.

Der Tritonus findet sich auch in der Stammtonreihe, nämlich von f zu h. Beide Tonstufen sind dir in der Tonleiter als Gleitton (f) und Leitton (h) gut bekannt. So ist es nur natürlich, dass der Tritonus (als ü4 und als v5) eine sehr starke Tendenz zur Auflösung hat (siehe dazu z.B. Seite 117).

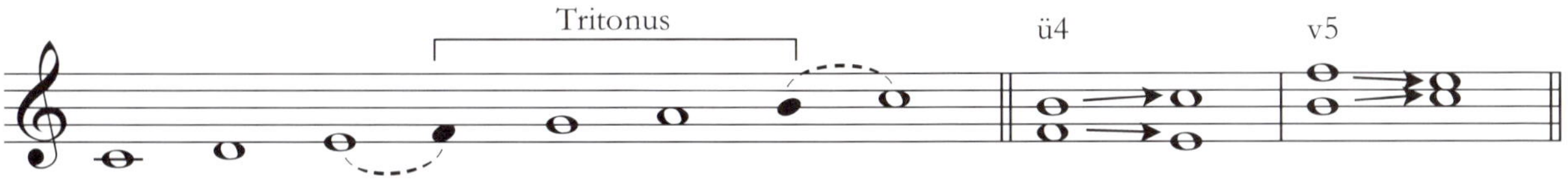

Aus dem Notenbild erkennst du auch, dass der Tritonus als charakteristisches Intervall im Dominantseptakkord vorkommt, in C-Dur g–**h**–d–**f**, und dessen Auflösungstendenz ausmacht (siehe Seite 78).

Übermäßiger und verminderter Dreiklang

Nun können wir auch die auf Seite 123 gestellte Frage beantworten, was für Akkorde entstehen, wenn zwei große bzw. zwei kleine Terzen übereinander geschichtet werden. Da das Rahmenintervall dieser Klänge keine reine Quinte ist, benennen wir sie nach der Alteration der Quinte, nämlich **übermäßiger** bzw. **verminderter Dreiklang.**

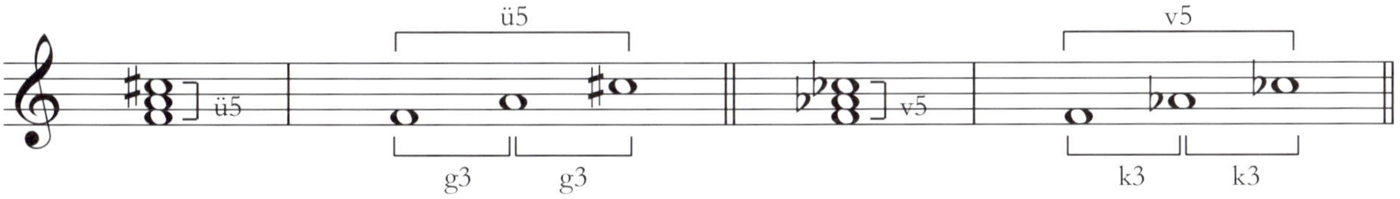

Beide Akkordtypen treten wie Dur- und Molldreiklang auch als Umkehrungen auf, doch wir wollen uns auf die Grundstellungen konzentrieren.

310 **CD** Track 89: Höre und singe den übermäßigen Dreiklang im Vergleich mit dem Durdreiklang. Singe die Dreiklänge auch von anderen Tönen aus.

311 **CD** Track 90: Höre und singe den verminderten Dreiklang im Vergleich mit dem Molldreiklang. Singe die Dreiklänge auch von anderen Tönen aus.

312 Bestimme die Dreiklänge (D = Dur, M = Moll, ü = übermäßig, v = vermindert). Singe.

313 Bilde übermäßige und verminderte Dreiklänge. Singe.

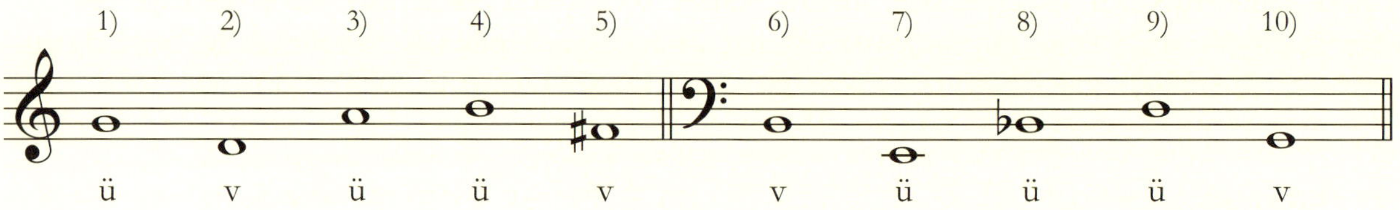

314 Schreibe die Durtonleiter und die drei Molltonleitern (rein, harmonisch, melodisch) auf. Notiere über jedem Ton den leitereigenen Dreiklang und bestimme nun *alle* Akkorde (D, M, v, ü). Wiederhole dabei die entsprechenden vierstimmigen Kadenzen.

Die Akkordsymbolschrift

Die Darstellung der Dur- und Molldreiklänge in der **Akkordsymbolschrift** ist bereits erklärt worden (siehe Heft 2 Seiten 91/92). Nun wollen wir uns mit weiteren Akkordbezeichnungen vertraut machen. Vorher jedoch ein Hinweis: Es existieren mehrere derartige Kurzschriften, z. B. die für die Harmonik notwendigen Funktions- und Stufenbezeichnungen, abweichende Akkordangaben für bestimmte Instrumente (z. B. Akkordeon) und ebenso die „Hausschriften" einzelner Musiklehrer. Auch die nun zu besprechende internationale Akkordsymbolschrift ist leider in bestimmten Details nicht vereinheitlicht.

Eine kurze Wiederholung vorab. Ausgangspunkt der Akkordsymbolschrift ist der Durdreiklang mit den Tönen 1–3–5, der mit dem Großbuchstaben seines Grundtons benannt wird. Gleich zwei Eigenheiten dieser international verbreiteten Kurzschrift verweisen auf ihren anglo-amerikanischen Ursprung:

- Erstens erhalten die erhöhten oder erniedrigten Stammtöne ein Versetzungszeichen nach dem Buchstaben, also keine Silben wie z. B. *Fis* oder *Des*, sondern die Symbole F♯ oder D♭.
- Zweitens wird unser H als B geschrieben, unser B als B♭ (siehe dazu Heft 1 Seite 76 und Heft 2 Seite 91).

Ein Akkordsymbol hat bis zum nachfolgenden Symbol, auch über den Taktstrich hinaus, Gültigkeit.

315 Spiele alle Akkorde, die du in diesem Kapitel kennen lernst, oft sukzessiv und simultan. Präge dir allmählich ihren Klangcharakter ein. Singe sie auf Notennamen von verschiedenen Tönen aus.

Hier die gebräuchlichen Durdreiklänge:

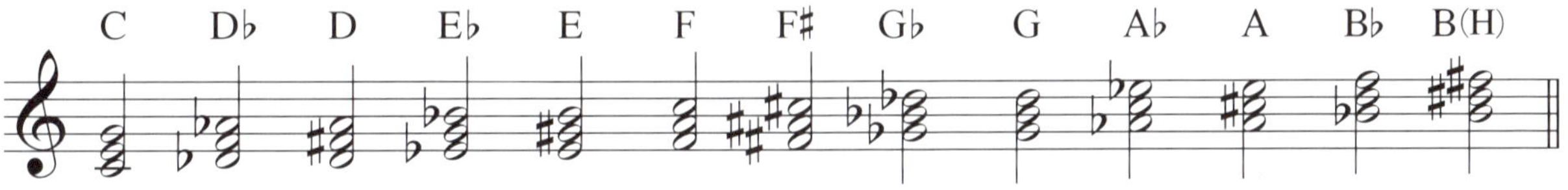

Alle Töne des **Durdreiklangs** sind also mit dem Akkordsymbol erfasst: *E* bedeutet *e–gis–h*. Das Symbol besagt, dass die drei Töne vorhanden sein müssen, es darf keiner der Töne fehlen. Andererseits gibt das Symbol keine Auskunft, ob einer oder mehrere dieser Töne öfters erscheinen. Auch die Lage des Akkords (3-, 5- oder 8-Lage, enge oder weite Lage) ist aus dem Symbol nicht ersichtlich. Trotz dieser Einschränkungen ist die Akkordsymbolschrift eine ausgezeichnete Hilfe für die Musizierpraxis.

Bleiben wir bei den *Dreiklängen*. Alles was vom Durdreiklang (g3–r5) abweicht, ist zu bezeichnen. Beim **Molldreiklang** – die Terz ist verändert (k3) – erhält der Buchstabe ein kleines m (engl. *minor* = klein) oder mittig ein Minuszeichen angefügt. Zum Beispiel:

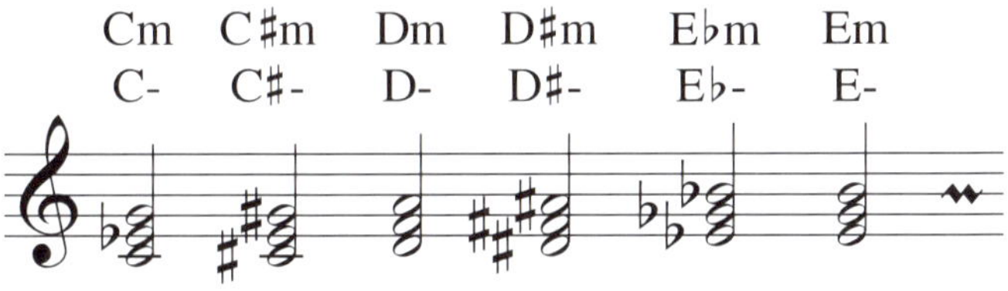

Kleinbuchstaben für Moll (wie in einigen Harmonielehre-Methoden) sind in der Akkordsymbolschrift nicht üblich; schreibe also immer Cm bzw. C- und nicht c oder cm.

316 Schreibe die Akkordsymbole in Noten im Bassschlüssel:

Fm F♯m Gm G♯m Am B♭m Bm (Hm)

Der **übermäßige Dreiklang** kann als Durdreiklang mit hochalterierter (erhöhter) Quinte verstanden werden. Die übermäßige Quinte ist hochgestellt angegeben: entweder mit 5+ oder ♯5, auch mit der Silbe *aug* (engl. *augmented* = übermäßig).
Sprich: *F übermäßig* bzw. *F fünf plus.*
Der **verminderte Dreiklang** kann als Molldreiklang mit tiefalterierter (erniedrigter) Quinte verstanden werden. Die verminderte Quinte ist hochgestellt angegeben: entweder mit 5– oder ♭5, auch mit der Silbe *dim* (engl. *diminished* = vermindert).
Sprich: *F vermindert* bzw. *F fünf minus.*

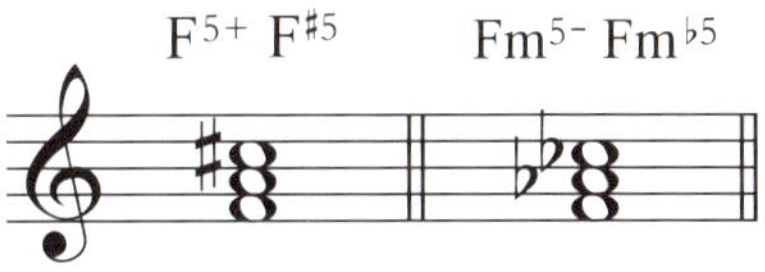

▶ Beachte die unterschiedliche Schreibweise: + und – der Zahl nachgestellt, aber Kreuz und Be der englischen Intervallangabe entsprechend der Zahl vorangestellt.

317 Schreibe die Akkordsymbole in Noten:

Am^{5-} C♯m^{5-} G^{5+} D^{5+} B♭$^{5+}$ Em^{5-} A♭$^{5+}$

Der Begriff **Vorhalt** wurde bereits besprochen (siehe Seiten 42/43).
Die Quarte kann im Dreiklang der Terz vorgehalten werden.
Der *Quartvorhalt* ist mit 4 und/oder der Silbe *sus* (engl. *suspension* = Vorhalt) angegeben. Beachte, dass in diesem Falle die Terz im Dreiklang entfällt. Sprich: *F vier* bzw. *F sus vier.*
In einem anderen Vorhaltsdreiklang steht die Sekunde anstelle der Terz. Sprich: *F zwei.*

Nun zu den **Vierklängen.**
Dur- und Molldreiklang können mit einer zusätzlichen Sexte erweitert werden, dabei handelt es sich immer um die **große Sexte** (auch in Moll!). Sprich: *F (Moll) sechs.*
Nicht mit dem Sextakkord, der Dreiklangsumkehrung, verwechseln!

Große Bedeutung haben die **Septakkorde.** Auch die gesamte Jazzharmonik basiert auf ihnen. Dem Dreiklang wird eine weitere Terz angefügt. Lies zur Vorbereitung nochmals den Text ab Seite 75.

Übersicht der Septakkorde:

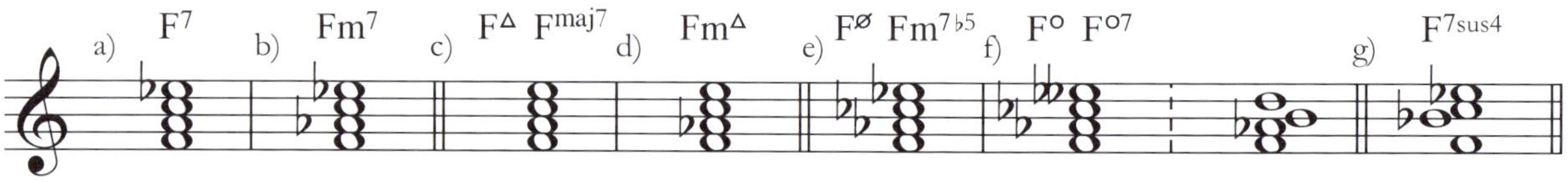

Beispiel	*Bezeichnung*	*Rahmen*	*Aufbau*	*sprich:*	*Symbole*
a	kleiner Septakkord in Dur	k7	g3–k3–k3	*F sieben*	7
b	kleiner Septakkord in Moll	k7	k3–g3–k3	*F Moll sieben*	m7, -7
c	großer Septakkord in Dur	g7	g3–k3–g3	*F major*	△, maj7; auch ma7, j7, 7+
d	großer Septakkord in Moll	g7	k3–g3–g3	*F Moll major*	m△, m maj7
e	halbverminderter Septakkord	k7	k3–k3–g3	*F halbvermindert*	m7/5-
f	(voll)verminderter Septakkord	v7	k3–k3–k3	*F vermindert*	0, 07, dim
g	Septakkord mit Quartvorhalt	k7	r4–g2–k3	*F sieben vier*	7sus4, 7/4, 7sus

Der verminderte Septakkord (Beispiel f) kann enharmonisch umgedeutet werden.

318 Schreibe die Akkordsymbole in Noten im Violin- und Bassschlüssel.

1) A^{7} E♭^{7} B♭^{7} D^{7} Cm^{7} Em^{7} Gm^{7} Hm^{7}

2) G△ B♭△ D△ A♭△ Dm△ Am△ Cm△ Fm△

3) Dø Eø Gø Aø E°7 C♯°7 B°7 F♯°7

319 Notiere die Akkordsymbole.

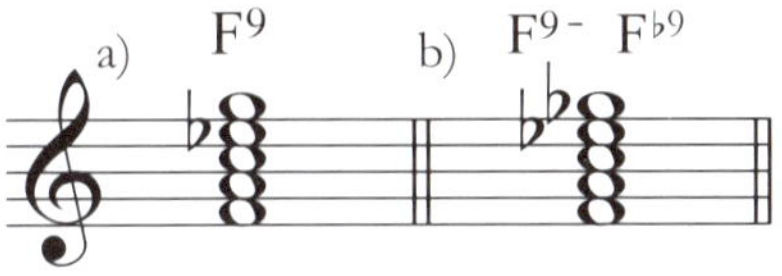

Wird der Septakkord mit einer Terz erweitert, so ergibt sich der **Nonenakkord,** auch **Nonakkord,** benannt nach dem Rahmenintervall None. Wir unterscheiden den großen (Beispiel a) und den kleinen (Beispiel b) Nonenakkord. Hier kann man beim Symbol die 7 einsparen, die Septime darf aber beim Akkordaufbau nicht vergessen werden. Intervallaufbau: 1–3–5–7–9.

Wir sind bei den Terz-„Türmen" noch nicht am Ende. Folgende Akkordbildungen sind relativ selten, jedoch der Jazzer braucht sie:

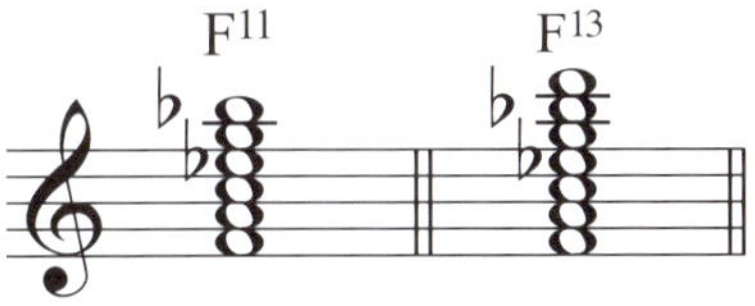

- den ***Elfer*-Akkord:** 1–3–5–7–9–11 (meist sogar 11+), Symbol z. B. F^{11}, sprich *F elf,*
- den ***Dreizehner*-Akkord:** 1–3–5–7–9–11–13, Symbol z. B. F^{13}, sprich *F dreizehn.*

Was für den Nonenakkord gesagt wurde, gilt auch hier: Alle Terzen müssen im Akkord enthalten sein.

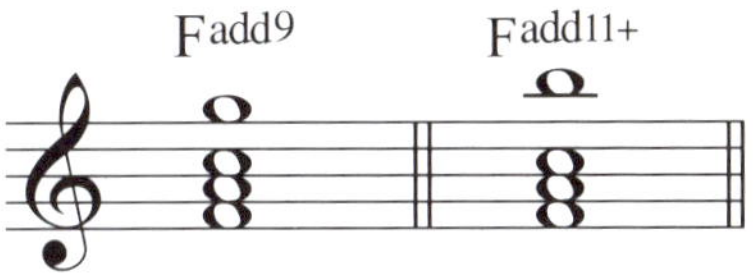

Nun kann es aber vorkommen, dass zum F-Dur-Dreiklang nur eine 9 verlangt wird – die 7 fehlt, wir können also nicht F^9 schreiben. Da hilft uns die Abkürzung *add* (engl. *added* = hinzugefügt). Jeder erforderliche Ton kann so zum Dreiklang hinzugefügt werden.

Die Übersicht zeigt die zum C-Dur-Dreiklang hinzugefügten Töne und ihre (unterschiedliche) Darstellung:

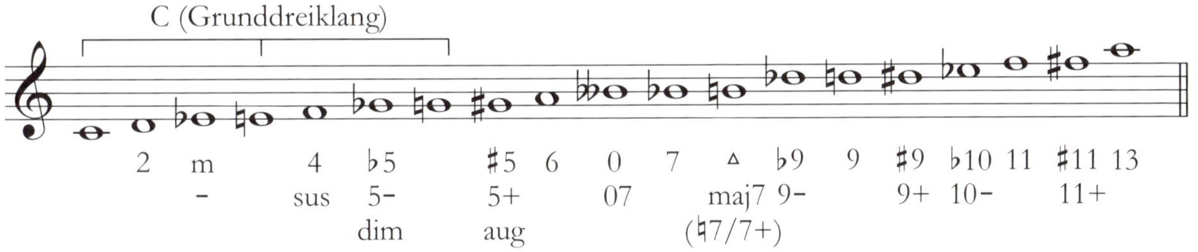

320 Analysiere den Akkordaufbau und notiere die Akkordsymbole.

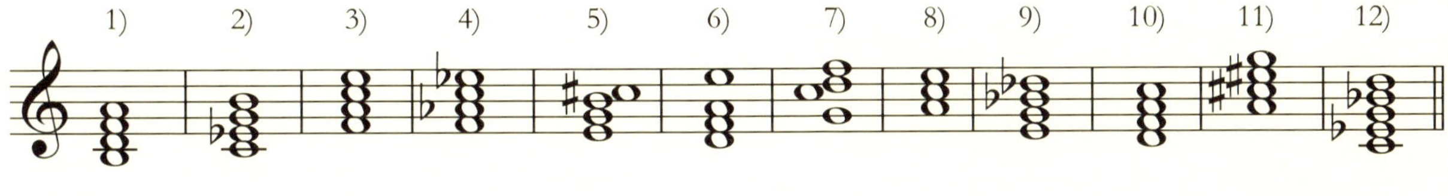

Soviel zum Thema Akkordsymbolschrift. Es gibt dazu noch weitere Details, die jedoch nicht ganz so wichtig sind. Sie wurden deshalb hier nicht erwähnt. Für Interessenten existiert ausreichend weiterführende Spezialliteratur.

Finale

Auch den Lehrstoff dieses Heftes möchten wir mit einem Musikstück abschließen und so versuchen, das Gelernte zu wiederholen und mit dem klingenden Beispiel zu verbinden. Natürlich geht es nicht einseitig um das Abspielen von Noten, sondern um den möglichst kreativen Umgang damit. Wir haben eine sehr populäre Komposition ausgewählt – den 1928 entstandenen **Bolero** von **Maurice Ravel.***

Ehe wir ins Detail gehen, solltest du dich um einige Informationen (aus Musiklexika, Orchesterführern, Schullehrbüchern, Booklets, Internet ...) zum Leben und Schaffen des Komponisten und seine Einordnung in die Musikgeschichte bemühen. Sicher findest du auch etwas Allgemeines zum Tanz *Bolero.*

▶ Für die weitere Arbeit ist es vorteilhaft, wenn du dir einen Tonträger zu diesem Werk besorgst, denn jetzt wollen wir uns intensiver mit der musikalischen Struktur und mit den von Ravel eingesetzten Instrumenten beschäftigen.

Zur Dynamik:
Vom ersten Flöteneinsatz bis zum abschließenden Orchester-Tutti stellt der Bolero ein *kontinuierliches Crescendo* dar. Die spannungsvolle dynamische Steigerung, die sich auch aus dem differenzierten Einsatz der Instrumente ergibt, prägt die gesamte Komposition.

Zum Rhythmus:
Ravels *Bolero* steht im 3/4-Takt. Eine gleichbleibende *(ostinate)* Rhythmusfigur, auf der Kleinen Trommel ausgeführt, später zusätzlich auch durch andere Instrumente unterstützt, durchzieht das gesamte Stück.

Tempo di Bolero, moderato assai ♩=72

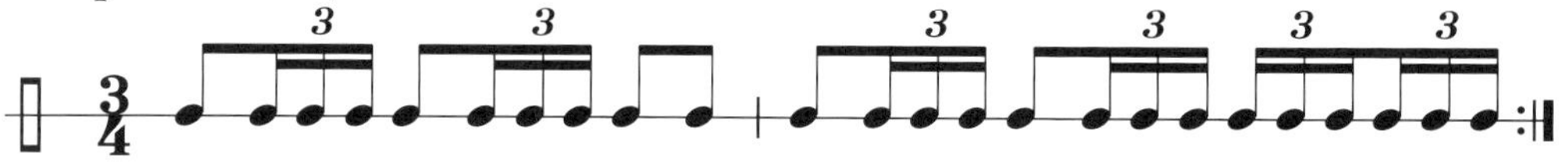

Wir wollen den Rhythmus erarbeiten:
- Informiere dich zunächst über die Tempoangabe.
- Lass das vorgegebene Tempo (Metronom!) einige Zeit in dir schwingen. Empfinde Viertel.
- Erarbeite den Rhythmus zunächst mit Hilfe des inneren Gehörs, singe ihn dann auf Silben.
- Klopfe nun den Rhythmus. Die vom Komponisten beabsichtigte Wirkung kann nur erreicht werden, wenn diese Zweitakt-Figur ganz exakt in der Abfolge und Lautstärke, also in gleichmäßigen Schlägen erfolgt. Übe deshalb erst leise und ohne Crescendo.

♫ Ein Tipp zur Ausführung dieses Rhythmus:
Wird der Zweitakt-Rhythmus mit *einer* Hand geklopft und oft wiederholt, bleiben Muskelverspannungen nicht aus. Verteile deshalb die Schläge im Wechsel (links/rechts) auf beide Hände, so ist eine gleichmäßige, entspanntere Ausführung möglich.
Später kannst du in einer etwas komplizierteren Variante alle Achtel (also auch das letzte Achtel in Takt 1) mit der gleichen Hand schlagen – das hilft dir auch beim Umsetzen des Metrums. Die Achtel sollen leicht, federnd, fast staccato und ohne stärkere Akzentuierung gespielt werden.

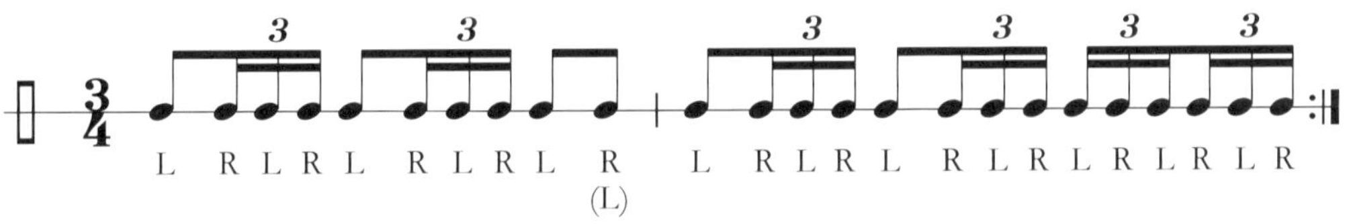

- Wiederhole diese Zweitakt-Figur über einen längeren Zeitraum – zur Information: der *Bolero* hat eine Aufführungsdauer von ca. 17 Minuten. Beginne so leise wie möglich und steigere bis zum Fortissimo.
- Achte stets auf eine exakte rhythmische Ausführung und bemühe dich, jegliche Schwankung im Tempo zu vermeiden.

Zur Melodie:
Maurice Ravel verwendet im *Bolero* lediglich zwei in sich abgeschlossene Melodien, man spricht in diesem Zusammenhang von *Themen*. Hier **Thema A** im Notenbild:

▶ Ravel verändert die *Artikulation* entsprechend dem Klangcharakter der Instrumente und der jeweiligen Dynamik.

Lege nun deinen *Bolero*-Tonträger ein und starte: Nach vier Einleitungstakten im Bolero-Rhythmus setzt die Flöte mit Thema A ein.

- Höre diesen Anfang (21 Takte) mehrfach und vergleiche mit den Noten. Singe mit und präge dir die Melodie ein.
- Erarbeite dir den Melodierhythmus, beachte insbesondere die Überbindungen (richtig auszählen).
- Versuche Thema A auf deinem Instrument zu spielen; falls das im angegebenen Tonraum nicht möglich ist, so oktaviere oder transponiere (schriftlich).
- Singe dann die Melodie nach Noten oder eventuell schon auswendig auf Silben. Trommle dazu den Rhythmus; wenn dir die beidhändige Variante zu aufwendig erscheint, kannst du den Rhythmus auch auf zwei Finger einer Hand übertragen, z.B. Daumen und Mittelfinger.
- Es wäre ein fantastisches Lernergebnis, wenn du Thema A aus dem Kopf in Noten aufschreiben könntest.

Nun **Thema B** im Notenbild:

Das Thema B hat einen wesentlich größeren Tonumfang als Thema A und ist auch rhythmisch viel komplizierter. Lege bitte wieder den Tonträger ein: Nachdem die Flöte Thema A gespielt hat, wird die Melodie von der Klarinette wiederholt. Nach zwei Bolero-Rhythmustakten beginnt dann das Fagott mit Thema B, das darauf von der hohen Klarinette übernommen wird.

- Höre dir diesen Ausschnitt wiederum mehrfach an und vergleiche mit den Noten. Versuche mitzusingen, oktaviere beim Schlüsselwechsel in Takt 11.
- Analysiere und übe die rhythmische Aufteilung Phrase für Phrase, erkenne „Problemstellen" wie Überbindungen, Synkopen, Triole usw. Singe den Rhythmus auf Silben.
- Versuche auch Thema B auf deinem Instrument zu spielen, oktaviere oder transponiere (schriftlich) falls das im angegebenen Tonraum nicht möglich ist.

Zur Begleitung:
Ravel stützt den Trommelrhythmus durch eine mehrschichtige, wechselnde Instrumentalbegleitung, die sich auf folgende zweitaktige Formel reduzieren lässt:

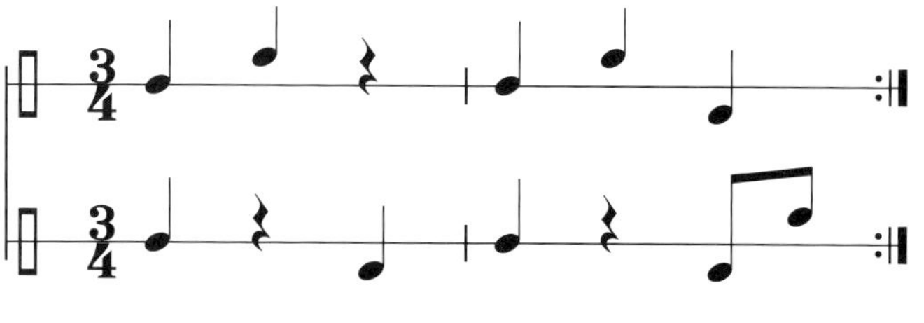

Vereinfacht: Die Liniennote entspricht (in Grundtonart C-Dur) dem Ton c, die höhere Note dem oberen g, die untere dem tieferen g.

- Spiele diesen Rhythmus z. B. auf Trommeln unterschiedlicher Tonhöhe oder klatsche.

Der Abschluss:
Ravel beendet sein Werk mit vier Takten extrem gesteigertem Bolero-Rhythmus, an den sich folgender markanter Abgang anschließt:

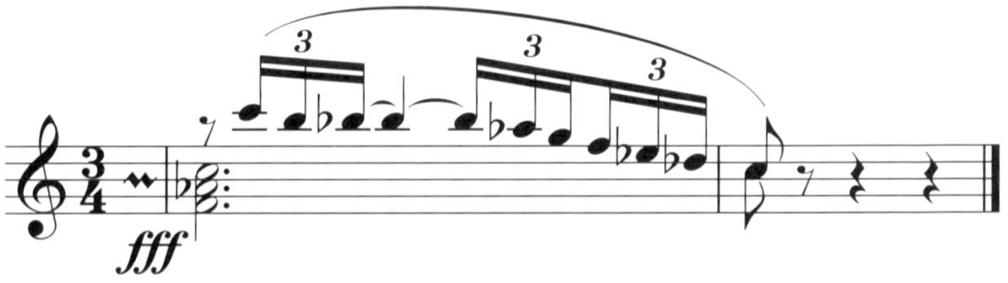

• Erarbeite dir den Rhythmus, zähle anfangs Achtel.
• Vergleiche die Tonfolge mit den Tetrachorden auf Seite 79 und benenne sie.

Zur Form:
Das melodische Geschehen in Ravels *Bolero* basiert auf der Aneinanderreihung der beiden besprochenen Themen.
• Höre jetzt den gesamten *Bolero* aufmerksam an und erkenne den Ablauf dieser Melodien.
• Notiere die Folge der Themen wie oben angegeben mit A und B.

Zur Orchesterbesetzung:
Du hast nun den *Bolero* bereits mehrfach gehört und sicher ist dir aufgefallen, wie meisterhaft der Komponist die einzelnen Instrumente einsetzt und kombiniert, sodass sich aus der Instrumentation ständig neue Klangfarben und eine kontinuierliche Steigerung ergeben.

Hier eine Übersicht der Melodie-Instrumente in der Reihenfolge ihres Einsatzes:
• Flöte solo
• Klarinette solo
• Fagott solo
• (hohe) Es-Klarinette solo
• Oboe d'amore solo
• Flöte + Trompete mit Dämpfer
• Tenorsaxofon solo
• Sopranino- und Sopransaxofon
• Piccoloflöten + Horn + Celesta
• Oboe + Englisch Horn + Oboe d'amore + Klarinetten
• Posaune solo
• Flöten + Oboen + Englisch Horn + Klarinetten + Tenorsaxofon
• Flöten + Oboen + Klarinetten + 1. Violinen
• Flöten + Oboen + Klarinetten + Tenorsaxofon + 1. und 2. Violinen
• Flöten + Oboen + Trompete + 1. und 2. Violinen
• Flöten + Oboen + Klarinetten + Sopraninosaxofon + Posaune + Streicher
• Flöten + Saxofone + Trompeten + 1. Violinen
• Flöten + Saxofone + Trompeten + Posaune + 1. Violinen

Die anderen Orchesterinstrumente übernehmen – abgestimmt zu den Melodieträgern – Harmonie- bzw. Bassfunktion (z. B. Fagotte, Bassklarinette, Posaunen, Harfe, tiefe Streicher) oder unterstützen den Bolero-Rhythmus (z. B. Hörner, Trompeten, Streicher, auch Holz).

• Höre dir nun den *Bolero* noch einmal an und achte gezielt auf den Einsatz der genannten Instrumente.
• Vielleicht kannst du dir sogar die Partitur zu dieser Komposition ausleihen und so mit den Noten in der Hand die einzelnen Stimmen verfolgen – eine ausgezeichnete Übung für das innere Gehör.

Zur eigenen Aufführung:
Vorausgesetzt du hast die Möglichkeit, mit einigen Interessierten gemeinsam zu musizieren, bieten sich mit dem Bolero-Material zahlreiche eigene Aufführungsvarianten an. Wir wollen hier als Anregung nur einen „kleinen" Bolero ausprobieren und uns dabei auf das **Thema A** beschränken (sind fortgeschrittene Musiker anwesend, sollte selbstverständlich auch Thema B Berücksichtigung finden).

- Formiere eine *Rhythmusgruppe*. In jedem Falle muss der zweitaktige Bolero-Rhythmus durchgängig zu hören sein, eventuell verteilt auf mehrere Mitspieler. Auch das oben angegebene Begleitmuster kann perkussiv (trommeln, klatschen usw.) ausgeführt werden.
- Um einen abwechslungsreichen Ablauf zu erreichen, sollten sich mehrere Instrumentalisten beim Vortragen des Themas abwechseln und gegebenenfalls zusätzlich den Klang variieren (z. B. durch Oktavversetzung, durch Einsatz eines Dämpfers usw.), auch das Kombinieren von Instrumenten nicht vergessen.
- Beachte, dass bei einigen Instrumenten *Klang* und *Notierung* nicht übereinstimmen, wir bezeichnen sie als *transponierende Instrumente* (z. B. Klarinette und Trompete in B, Horn in F, Altsaxofon in Es usw.). Die Musiker müssen sich ihre Stimme so umschreiben, dass die Grundtonart C-Dur erhalten bleibt.
- Soll das Thema A begleitet werden, können folgende Akkorde gespielt werden:
  Beispiel a für die Takte 1–6 (Tonika-Charakter),
  Beispiel b für die Takte 7–15 (Dominant-Charakter),
  danach wieder Beispiel a.
  Wie du erkennst, fügt Ravel den Dreiklängen Zusatztöne hinzu, um eine größere klangliche Farbigkeit zu erreichen und die Funktionalität zu verschleiern: In Beispiel a hat auf Zählzeit 2 der C-Dur-Dreiklang den Zusatzton d und auf Zählzeit 3 der G-Dur-Dreiklang den Zusatzton c; in Beispiel b haben beide G-Akkorde den Zusatzton c. Der Basston c (1. Zählzeit) bleibt unverändert.

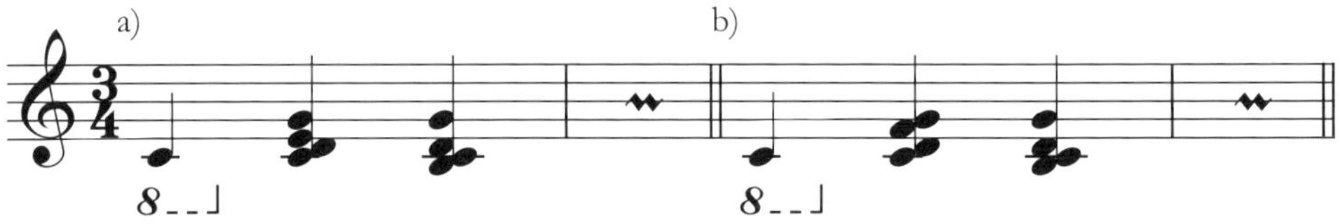

- Wenn mehrere Melodie-Instrumente vorhanden sind, kann auch im Satz gespielt werden. Unser Beispiel zeigt den dreistimmigen Part der 1. Violinen ab Takt 293 (Artikulation in allen Stimmen gleich). Bei Zweistimmigkeit sollte die untere Stimme zur Melodie erklingen. Als 4. Stimme kann die eine Oktave tiefer gespielte Melodie dienen.

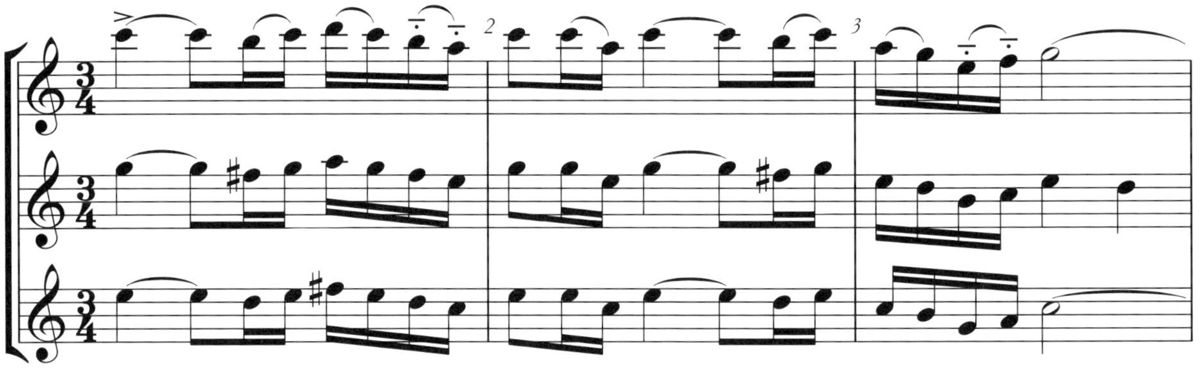

Zum *eigenen* Bolero?!

Wie wär's, wenn du zum Abschluss versuchst, selbst einen Bolero zu erfinden?

- Nimm nur den ersten Takt des von Ravel genutzten Rhythmusmodells und lass diesen Rhythmus in dir schwingen.
- Finde einige passende melodische Motive, löse dich dabei von dem besprochenen Orchesterwerk.
- Wenn du ein Motiv ausgewählt hast, so versuche dieses weiterzuführen.
- Finde möglichst auch einen Mittelteil. Erarbeite eine a–b–a- oder eine a–a–b–a-Form.
- Singe deine Melodie und begleite dich mit dem Grundrhythmus.

Wiederholungsfragen

Schlage bei Unklarheiten auf der nach der Frage angegeben Seite nach.

1. Was verstehen wir unter den *Rhythmus-Grundfiguren?* *7*
2. Erkläre den Begriff *Komplementärrhythmus.* *10*
3. Unterscheide die Begriffe *sukzessiv* und *simultan.* *12*
4. Erkläre den Begriff *Tonleiter.* *13*
5. Was ist ein *Tetrachord?* *13*
6. Beschreibe den *Tetrachordaufbau der Durtonleiter.* *13*
7. Was bedeutet *prima vista?* *19*
8. Nenne den *Intervallaufbau* von *Sext-* und *Quartsextakkord* in Dur. *23*
9. Erkläre den Begriff *Hauptdreiklänge* (Namen und Stufen). *26*
10. Was ist *Quintverwandtschaft?* *26*
11. Was bedeutet *vierstimmiger Satz?* *26*
12. Wie heißen die vier Stimmen im Satz? *26*
13. Erkläre die Begriffe *Quint-*, *Oktav-* und *Terzlage* beim Dreiklang. *27*
14. Benenne den *Tonumfang* der vier Stimmen. *28*
15. Unterscheide die *Bewegungsmöglichkeiten* in der Stimmführung. *28*
16. Welche Töne befinden sich im *Bass* der Kadenz? *30*
17. Wie werden die *gemeinsamen Töne* von *T/S* und *D/T* in der Kadenz geführt? *30*
18. Welchen Weg nimmt der *Leitton* in der Kadenz? *30*
19. Was ist bei der *Stimmführung S/D* zu beachten? *33*
20. Erkläre die Begriffe *Halbschluss* und *Ganzschluss.* *37*
21. Was versteht man unter *harmonisieren?* *38*
22. Was ist ein *Harmoniewechsel?* Wann erfolgt er? *38*
23. Worin unterscheiden sich *Durchgangs-* und *Wechseltöne?* *40*
24. Erkläre den Begriff *Vorhalt.* *42*
25. Warum ist der genaue *Untersatz* im Notenbild so wichtig? *47*
26. Was ist eine *Synkope?* *48*
27. Wann spricht man von *Synkopenketten?* *49*
28. Worin unterscheiden sich *Sechzehntel-* und *Achtelsynkope?* *50*
29. Was haben *Sechzehntel-* und *Achtelsynkope* gemeinsam? *50*
30. Unterscheide das Metrum von *3/2-* und *6/4-Takt.* *54*
31. Nenne *kleinere Notenwerte* als das Sechzehntel. *57*

32. In welchem zeitlichen Verhältnis stehen *Sechzehntel* zu *Zweiunddreißigsteln?* *57*
33. Was versteht man in der Notenschrift unter *doppelter Versetzung?* *59*
34. Mit welchen *Symbolen* wird die *doppelte Versetzung* im Notenbild angezeigt? *59*
35. Unterscheide *Parallel-* und *Varianttonart.* *60*
36. Welche *Gemeinsamkeit* haben die *drei Mollformen* im Tetrachordaufbau? *60*
37. Worin unterscheidet sich das *zweite Tetrachord* in den *drei Mollformen?* *60*
38. Welche Besonderheit hat die *melodische Molltonleiter in Auf- und Abwärtsbewegung?* *64*
39. Wie wirken sich die Veränderungen in den drei Mollformen auf die *Vorzeichnung* aus? *61*
40. Nenne den *Intervallaufbau* von *Sext-* und *Quartsextakkord* in Moll. *66*
41. Was sagt der *Quintenzirkel* zum Verhältnis der *Tonleitern* aus? *68*
42. Was sagt der *Quintenzirkel* zum Verhältnis der *Kadenzklänge* aus? *68*
43. Worin unterscheidet sich die *Dominante* in Dur und in reinem Moll? *69*
44. Warum bilden die *Hauptdreiklänge in harmonischem Moll* die gebräuchliche Mollkadenz? *70, 71*
45. Wodurch unterscheiden sich die *Kadenzen der drei Mollformen?* *73, 74*
46. Woran kann man die *Tonart* eines Stückes erkennen? *75*
47. Was ist ein *Septakkord?* *75*
48. Worin unterscheiden sich *großer* und *kleiner Septakkord?* *76*
49. Auf welcher Stufe der Tonleiter steht der *Dominantseptakkord?* *76*
50. Nenne den *Intervallaufbau* des *Dominantseptakkords.* *77*
51. Erkläre die *Stimmführung* bei der *Auflösung des Dominantseptakkords.* *78*
52. Benenne die *Schrittfolgen* in den besprochenen *Tetrachorden.* *79*
53. Was bewirkt die *doppelte Punktierung* eines Notenwertes? *81*
54. Wie werden *Mehrtaktpausen* notiert? *87*
55. Wie sind *9/8-* und *12/8-Takt* untergliedert? *87, 88*
56. Unterscheide die *regelmäßige* und die *unregelmäßige Unterteilung* eines Notenwertes? *89*
57. Nenne *unregelmäßige Unterteilungen.* *89*
58. Wie erkennt man eine *unregelmäßige Unterteilung* im *Notenbild?* *90*
59. Erkläre den Begriff *Konfliktrhythmus.* *91*
60. Was ist eine *Triole?* *92*
61. Wie kann eine *Triole* unterteilt sein? *92*
62. Erkläre die Begriffe *binär* und *ternär.* *95*
63. Wie werden mehrere aufeinanderfolgende Achtel swingend musiziert? *94*
64. Erkläre die Begriffe *onbeat* und *offbeat.* *97*
65. Was ist das *Bluesschema?* *102*
66. Nenne die *Harmoniefolge im Bluesschema.* *102*

67. Erkläre den Begriff *Blue Note.* *103*

68. Was ist ein *Blue Chord?* *104*

69. Unterscheide *Dur-* und *Moll-Pentatonik.* *104*

70. Warum eignet sich die *Moll-Pentatonik* zur *Blues-Improvisation?* *104*

71. Erkläre dem Begriff *ostinato* in Bezug auf die *Basslinie im Blues.* *106*

72. Worin unterscheiden sich *4/4-* und *8/8-Takt?* *107*

73. Was sind Taktarten mit *ungleichmäßigen Zählzeiten?* *108*

74. Unterscheide *Taktwechsel* mit gleichem und mit verändertem Grundschlag. *110*

75. Was sind *None* und *Dezime?* *112*

76. Was kennzeichnet einen *plagalen Tonraum?* *113*

77. Mit welchen Intervallen kann man eine *einfache Zweistimmigkeit* erzielen? *ab 115*

78. Erläutere den Begriff *Polyrhythmus.* *122*

79. Unterscheide die *übermäßige* und die *verminderte Quinte* von der *reinen* Quinte. *123*

80. Welche *Intervall-Grundformen* können *übermäßig* werden? *124*

81. Welche *Intervall-Grundformen* können *vermindert* werden? *124*

82. Was ist ein *Tritonus?* *124*

83. Nenne den Intervallaufbau des *übermäßigen Dreiklangs.* *125*

84. Nenne den Intervallaufbau des *verminderten Dreiklangs.* *125*

85. Auf welchem Klang baut die *Akkordsymbolschrift* auf? *126*

86. Was sagt die *Akkordsymbolschrift* nicht aus? *127*

87. Wie werden der *H-Dur-* und der *B-Dur-Dreiklang* symbolisiert? Warum? *126*

88. Wie kennzeichnet man den *Molldreiklang in der Akkordsymbolschrift?* *127*

89. Wie können in der Akkordsymbolschrift *alterierte Töne* dargestellt werden? *127*

90. Welche exakte Intervallgröße fordern 6 und 7 in der Akkordsymbolschrift? *128*

Wegweiser nach Sachgebieten